高等教育规划通识教材

传统文化简明读本

许　可◎主编

中国书籍出版社
China Book Press

本书编委会

主　　编　许　可
副 主 编　王玉国　屈焕新　徐新强　周　幸
编　　委　曹文洪　刘会亭　温　柔　丁英娣
　　　　　孔　娜　王洪坤　孔文思　李　静
　　　　　秦　铭

序

  在中华民族五千年的文明史中，诞生于两千五百年前、位于"五岳独尊"的泰山和"中华母亲河"黄河阴阳际会之处的孔子处于中轴点上。孔子祖述尧舜，宪章文武，承上启下，继往开来，是中华文明的集大成者，也成为中国传统文化的最突出代表。以2013年11月习近平总书记视察曲阜重要讲话为发端，出现了新中国以来前所未有的国学热、汉语热。孔子学院、孔子学堂、尼山书院、尼山书屋等传统文化品牌应运而生，并迅速扩展到全国及海外。"汉字大会""诗词大会""论语大会""经典诵读大会"等强档节目重磅推出，深入影响到千家万户。一种高度的文化自觉和文化自信正逐步植根于亿万华夏儿女的心中。

  坐落于"一山一水一圣人"的齐鲁大地和"孔孟之乡、运河之都"的文化济宁的山东理工职业学院，借助得天独厚的地理文化资源优势，怀着对故土的深深眷恋和对传统文化的耳濡目染，以"世界眼光，国际标准，特色办学，职教报国"的情怀，在2014年全面实施了中华优秀传统文化"进校园、进课堂、进教材、进头脑"的"四进"工程，并编写了《儒学经典新解——论语》《国学经典新解——弟子规·三字经·千字文》和《诗词经典新解》等优秀传统文化高职系列教材，建设了"非遗"基地、孔子学堂、尼山书院、尼山书屋、大国工匠馆、传统文化教研室等。通过传统文化教育，让学生内化于心、外化为行，着力培养"工程师精英，商界英才，君子淑女，共和国栋梁"。我们编写的"优秀传统文化高职教材"一经试用，得到广大师生的一致好评，并得到省内外众多兄弟高职院校的热烈反响，纷纷使用我们的教材。这本《传统文化简明读本》就是在此基础上编写的另一本新教材，使这套系列教材内容更丰富、更全面，体系更完善。本书以年代先后为经，以大行业分类为纬，共分为10章。注重突出以下几个特点：一是简明性。针对高职学生的特点和接受能力，重点介绍基本的知识点，不做深入的分析阐述；二是职业性。根据职业教育的要求，侧重职业技能和职业道德培养，力求更强的实用性和可操作性；三是地域性。在选材和举例时，更多地选取学生耳熟能详的身边人、身边事，学习时更有亲和感；四是文图并茂，外加知识链接和疑问小思，更符合教材特点，也便于检查考核。

本书编写过程中，我们参阅了众多相关题材的图书及其他资料，并征询了部分专家学者的意见，在此谨向所有为本书提供帮助的机构和个人致以诚挚的谢意！学习参考但绝不简单地模仿拼接，力求体现出我们独立的思考、个性的语言和鲜明的风格。鉴于本教材为首次编写，且编写人员均为本校教师利用业余时间，虽经多次审校，其中仍不免有疏漏及不足之处，敬请广大师生和兄弟院校予以指正，以便再版时修正。

许　可

2017 年 8 月

目录 CONTENTS

第一章　智慧与信仰：天人合一 ··· 1
　第一节　人道与天道 ··· 4
　第二节　《周易》——运动变化的天人同构 ······················· 11
　第三节　天人思想下的民族性格与智慧 ···························· 15

第二章　遵礼与循法：为政以德 ··· 19
　第一节　德治思想：道之以德 ·· 22
　第二节　社会的规范：齐之以礼 ····································· 26
　第三节　"德"的最高境界：成于乐 ································· 30
　第四节　宗法家族制度：家国同构 ··································· 33

第三章　人格与修为：修齐治平 ··· 39
　第一节　中国古代理想人格：入世、游世、出世 ················ 42
　第二节　君子之道：怀德、知耻、有礼、不器 ···················· 47
　第三节　君子修身：自省、克己、慎独、宽人 ···················· 52

第四章　汉字与文学：文以化人 ··· 57
　第一节　魅力无穷的汉字 ··· 60
　第二节　千姿百态的文学 ··· 68
　第三节　汉语：独特的语言魅力 ····································· 77

第五章　艺术与审美：意气风发 ··· 81
　第一节　书法与绘画：笔墨丹青 ····································· 84
　第二节　音乐与戏曲：清逸典雅 ····································· 92
　第三节　建筑与园林：巧夺天工 ····································· 98
　第四节　器物与雕塑：匠心独具 ···································· 103

第六章　农耕与水利：民之生计 ········· 109
第一节　文明的开启：农耕文明 ········· 112
第二节　治水文化与水利工程 ········· 120

第七章　科学与技术：工求精密 ········· 129
第一节　四大发明：推动人类文明进程 ········· 132
第二节　天文与历法：古代的时空观 ········· 138
第三节　医学与养生：寻求整体平衡 ········· 143
第四节　手工技艺：劳动人民的智慧 ········· 148

第八章　商业与交流：德润四方 ········· 153
第一节　端木遗风：中国古代商业精神 ········· 156
第二节　丝绸之路：商旅不绝 东西融合 ········· 163
第三节　郑和下西洋：海上丝绸之路 ········· 167

第九章　民俗与风情：约之以礼 ········· 173
第一节　姓氏称谓：寻根溯源 ········· 176
第二节　民间风俗：岁月烙印 ········· 181
第三节　服饰习俗：五彩生活 ········· 187
第四节　传统饮食：舌尖味道 ········· 190

参考文献 ········· 197
后记 ········· 198

第一章
智慧与信仰：天人合一

【图说】天人合一

元·钱选《山居图》

"独与天地精神相往来"是老子的一句名言，也是中国古人对"天人合一"思想的自觉实践。"天人合一"思想是通过与自然对话，达到天人相通、人与自然和谐相处的境界。因此，中国古人常常深入山川野林，于俯仰天地间与自然融为一体。

走进中国传统文化，我们会被其中的博大精深所震撼，也会因"身在此山中"而难以把握其全貌和精华深蕴。"天人合一"思想是走出中国文化迷宫的一把总钥匙，它是中华民族的精神本源，是中华文明的核心内容，更是中国古代哲学中最为精妙而智慧的一个命题。

中国古代先哲认为，天、地、人是构成宇宙的三种力量，并总结出一整套成熟的理念和思想，深入精微地把握其中的规律，最终达到"天人合一"的和谐境界。因此，人道与天道、贵和尚中、阴阳变易等哲学思想应运而生，可以说整个中国传统文化皆发端于此。

对天的敬畏和信仰，集中体现了古代中国人的"宗教精神"。不是把人生重大命题和人类的终极追问寄托于上帝或鬼神，而是寄托于对天人关系的深入思索。这决定了中国人注重人伦实际的特点，进而陶冶出中华民族厚德载物、贵和尚中、安足静定的性格。

第一节　人道与天道

孔子开创的儒家思想核心是"人道",老子的道家思想核心是"天道"。"人道"和"天道"成为中国"天人合一"思想两大主流,是古人对天人关系探索的杰出成果。儒家主张积极入世,修身、齐家、治国、平天下,遵循人类社会的道德原则;道家提倡出世精神,全身心投入对宇宙万物特别是"道"的思考中,理解自然界的客观规律,在"天道"的思想修行中达到个体精神的"逍遥游"。儒道两家在人道与天道两条路上各自形成系统的哲学体系,对后世的影响巨大,与此同时呈现出儒道互补、人道与天道互补的特征。真正的中国传统智慧不是单独奉行其中之一,而是人道与天道合一。

一、仁爱为怀:儒家的人道观

1. 从人性出发

中国古代蒙学读物《三字经》开篇即说:"人之初,性本善。"这本儒学经典对幼儿的教育从人性开始探讨,既是一种哲学发蒙,更直接展示出了儒家思想的本质——人道,注重社会中的人伦和世务。

儒家的人道观用一句话来概括,就是从人性出发,总结了一整套人类社会的道德原则。正心修身、与人为善、君子怀德等思想无一不是从人性出发的。正如违背自然规律,必然受到大自然的惩罚一样,违背了人类社会的道德原则,必然会造成人为的灾难。

孔子提出的仁义、礼乐、君子、中庸等思想主张,最大的贡献在于它们揭示了人类社会发展所要遵从的道德规律,是对人性本善的殷切呼唤,是对人内心情感和具体生活的规范。儒家推崇以诗来教化人性,《诗经》作为儒学经典之一,很多内容涉及人的情感描述。

2. 仁者爱人

"仁"是儒家人道观中最为核心的内容。孔子的学生樊迟问什么是仁,孔子说:"爱人。"父行父道爱其子,子行子道爱其父。真正爱人的人,是能够履行社会义务的人。儒家的人道观念,并不是消极的怜悯与饶恕,而是儒家所主张的"仁义"和孟子所说的"爱敬"。人与人之间，以诚挚恳切的忠恕与爱敬相待，才是真的人道。

如何实行"仁"呢？那就是孔子提出的"忠恕"之道。"子曰：'参乎！吾道一以贯之。'曾子曰：'唯。'子出，门人问曰：'何谓也？'曾子曰：'夫子之道，忠恕而已矣。'"（《论语·里仁》）简单来说就是对自己要做到忠，坚守住自己的原则、信念和理想，对他人应尽量容忍和宽恕，忍受住寂寞孤独和他人的冷眼。这看似很朴实的道理，大多数人却很难做到。

"仁者爱人"深深融入中国人的家族观念中，这是儒家人道观的一大特点。人道应该由社会最小的单位——家族开始。如果父子兄弟夫妇间，尚不能忠恕相待，爱敬相与，却对家族以外更疏远的人能做到忠恕爱敬，这是不大可能的。"家族"是中国文化一个主要基石，可以这样认为，中国文化全部从家族观念上筑起，先有家族观念才有人道观念，先有人道观念才有其他的一切。

3. 克己复礼

克己复礼是儒家人道思想实现的重要途径。理解"克己复礼"的真正意蕴，就必须将其置于"克己复礼为仁"的语境中。"颜渊问仁。子曰：'克己复礼，为仁'颜渊曰：'请问其目。''非礼勿视，非礼勿听，非礼勿言，非礼勿动。'"（《论语·颜渊》）"克己复礼为仁"就是抑制自己，使言语行动都回复到传统的"礼"允许的范围。"克"是克制或约束，而不是克除或扼杀；"己"是自己不合理的欲望或不符合礼仪规范的言行举止，而不是自己的一切需求。

"克己复礼"的核心是"复礼"。孔子推崇《尚书》《诗经》《易经》等典籍，这些典籍集中体现了中国古代上层统治者的政治观念。他们常抱着一种"敬畏"与"严肃"的态度治国理政。他们敬畏祖先，敬畏民众的公共意志，他们常不敢放肆，不敢荒淫惰逸，相互间常以严肃的态度警戒着。这是中国政治上的最古风范，对后世的影响十分深远。孔子把上层阶级的这种"礼"的精神内涵发展为"仁政"主张，提出"为政以德，譬如北辰，居其所而众星共之。"（《论语·为政》）。就是在治国齐家中继承"敬畏"与"严肃"的政治风范。但仅仅是"敬畏"与"严肃"，会很容易沦为压抑人性与精神的政治工具，这与儒家从人性出发的人道观念是不相符的。其实孔子的礼乐精神，是对日常严肃生活的极细腻恰切的调和。由此，儒家的人道观念，使中国民间社会始终散发着一层温情脉脉的人文气息。

4. 中庸之道

"中庸"一词最早出自《论语·雍也》："中庸之为德也，其至矣乎，民鲜久矣。"中庸应该是最高标准的道德，在民众中却很久没有见到，而且这是在《论语》中唯一一次出现"中庸"。这反映出孔子当时虽然已经提出中庸的概念，但还没有形成系统的理论。但《论语》中确有一些表现中庸思想的孔子言论，如："有鄙夫问于我，空空如也。我叩其两端而竭焉。""过犹不及。""不得中行而与之，必也狂狷乎，狂者进取，狷者有所不为也。"

专门论述中庸的是《中庸》一书。《中庸》原是《礼记》的第三十一篇，宋代儒学家对中庸非常推崇，将其从《礼记》中析出，独立成书。关于"中庸"的含义，历来有不同的注解。北宋理学家程颢认为"不偏之谓中，不易之谓庸。中者，天下之正道。庸者，天下之定理。"朱熹说"中者，不偏不倚，无过不及之名。庸，平常也。"《说文解字》中的"庸"是"用"的意思，《尔雅》中的"庸"则是"常"的意思。由此可见，对"中"字的解释基本都是中行、中正、中和；而对"庸"字有两种解释，一是"常"，如平庸、平常，二是"用"，认为庸古同用，意为运用、实践。

《中庸》对孔子提出的中庸思想进行了进一步阐发，特别是"执两用中"的观点被认为是中庸之道的精髓。"执两"就是把握事情好坏的两个极端，预测到事情发展最好和最坏的两种结果；"用中"就是避开极端，找到最适中的那个点，以达到最理想的效果。因此，这里的"中"可以理解为适中、适宜，也就是无过无不及。"用中"就是拿捏、权衡那个最合适的尺寸、火候、度，但这么做的前提是先要了解事情的前因后果，也就是"执两"。

有人把中庸理解为简单的"折中"，就像两个人吵架，不问青红皂白地各打五十大板。也有人把中庸看成是明哲保身，是做人做事没有立场的和事佬、随风草。这都是对中庸肤浅而粗暴的误读。可以说，中庸是善于审时度势、因势利导、能谋善断的睿智哲理。

【知识链接】兴于诗，立于礼，成于乐

子曰："兴于诗，立于礼，成于乐。"（《论语·泰伯》）学习《诗经》，可以感发人的精神，使人产生美感；学习《礼》（《周礼》），可以使人的行为得到规范，成为一个文明的人；学习乐（音乐），可以使人的精神得到升华，感受人生乐趣，达到一种悦乐的境界。

二、自然无为：道家的天道观

儒家人道观的出发点是人性，与之大相径庭的是，道家的天道观出发点是对天地万物之始的思考。道家思想由此挣脱现实人伦实际，把目光投向更加缥缈悠远的宇宙。在天地万物规律的思考中，道家思想推翻了之前的神的创造说和主宰说，在人类思想史上迈进了一大步。道家主张"道法自然"，尊重自然规律，充分发挥自然无为的智慧，最终落脚到心灵的境界和精神的超升。

《老子》开篇说："道可道，非常道；名可名，非常名。无名天地之始，有名万物之母。"道家思想的核心概念是"道"，其内涵之玄妙，古今学者皆无法解释得透彻，这使得道家思想蒙上了一层神秘的色彩。

老子的"道"是万物之始，但其内涵远不止于此，围绕这一核心，老子提出了许多极富启发意义的观点。虽然一时无法研究透彻"道"的含义，却并不影响我们把握和运用蕴藏其中的智慧。

【知识链接】老子出关

老子否认自己有伟大的学说，他觉得最伟大的学说就是自然。自然是什么？说清楚了又不自然了，所以他说"道可道，非常道；名可名，非常名。"本来他连这几个字也不愿意写下来，只打算到关外的大漠荒烟中隐居终老。这才是生命的自然状态。

老子骑在青牛背上，慢慢地不知走了多久。一直走到函谷关，被守关的官吏关尹喜拦住了。关尹喜是个文化爱好者，看到未曾给世间留下过文字的老子要出关隐居，便提出了一个要求：留下一篇著作，作为获准出关的条件。老子只好从命，一口气写下五千字之后就出关了，这就是今天我们看到的《老子》，又称《道德经》。司马迁说"莫知其所终"，于是老子的形象永远定格在旷野黄沙中的青牛背上。

明·张路《老子骑牛图》

1. 道法自然

虽然万物永远在变化中，可是万物变化所遵循的规律的本身不变。如老子所说的"道法自然"，春夏秋冬，四时运作，花开花落，万物一切都是自然而然，有自身的规律。人与自然万物打交道时，尤其是涉及与自然万物的利害关系时，应有敬畏、顾惜之心，应放下左右万物的欲望，顺应自然，才是解决人与世界冲突的根本途径。

老子由"道法自然"进而提出"无为而无不为"。这句话微言大义，却引来古今无数误解和批判，有人理解成什么都不做，消极等待事情的成功，为自身的懒惰寻找"理论依据"。老子反对"人为"，并不是否定人的积极创造，而是反对诸如"拔苗助长"式的违反自然规律的乱为。

> **【知识链接】"散木"的故事**
>
> 有个木匠到齐国去，看见一棵栎树生长在社庙边，被奉为社神。这棵树大得难以形容，围观的人极多，木匠连看都不看一眼，径直向前走。他的徒弟不解地问："自跟随师傅以来，从没见过这样好的大树，而您却看都不看，这是为什么？"木匠说："这是没用的散木，因为无用，所以它才能有这么长的寿命。"这种散木的智慧就是"无为"。

2. "辩证"的智慧

万物变化所遵循的规律中最根本的是"物极必反"，这不是老子的原话，而是中国的成语，它的思想无疑是来自老子。老子的原话是"反者道之动"，意思是说，任何事物的某些性质如果向极端发展，这些性质一定转变成它们的反面。所以老子提出"祸兮福之所倚，福兮祸之所伏"，"少则得，多则惑"等观点。这些宝贵的智慧至今被中国人所乐于使用，比如"塞翁失马，焉知非福""乐极生悲""否极泰来"等。深刻理解这种人生智慧，才能够在面对世事无常时从容不迫、游刃有余。

老子说："曲则全，枉则直，洼则盈，敝则新，少则得，多则惑。"大意是委屈反能求全，弯曲则能伸展，低洼反能充盈，破旧反能更新，少取反能多得，贪多反而迷惑。又如"持而盈之，不如其已。揣而棁之，不可长保。金玉满堂，莫之能守。富贵而骄，自遗其咎。功遂身退，天之道。"大意是积累到了满溢的程度，不如停止，尖锋到了锐利的程度，无法长久保持。满屋子堆满了贵重物品，无人能守得住。因富贵而骄奢，自己给自己留下祸根。成功之后引身自退，符合自然原理。以上这些论述都充分体现了"物极必反"的辩证哲学。

3. 上善若水

老子在《道德经》中说："上善若水。水利万物而不争，处众人之所恶，故几于道。居善地，心善渊，与善仁，言善信，政善治，事善能，动善时。夫唯不争，故无尤。"大意是最大的善就像水，因为水滋养万物而无所争，静静地待在众人都不愿去的地方，所以最接近于"道"。君子要像水一样，居处要在好地方，心思要向好归宿，交往要选仁德之人，说话要与守信者，从政要在大治之邦，做事要选贤能之主，行动要把握好时机。这样顺其自然而不是勉强争取，就不会有过失怨恨。

老子认为水具有最高的"善"。"水利万物而不争"，水最高的德行就是"不争"。人往高处走，水往低处流。人情受欲望驱动，好高而恶下，而水却永远往下流淌。水是生命之源，滋润万物，做出巨大贡献，却从不计较自己的得失。水在最低、最平、最静之处，包容天下一切，厚德载物。人类的灾难大多是由欲望膨胀所引起的，为了满足欲望而产生争斗甚至是战争。所以，老子提出上善若水，立足点在"不争"。

但这可不是弱者的哲学，老子认为水恰恰充满了力量。他说："天下莫柔弱于水，而攻坚强者莫之能胜。"水在柔弱宁静中，积聚强大的力量，可以冲破世界上的一切障碍。滴水穿石，正是这个道理。因此，老子认为要使自己变得强盛，不是靠恃强凌弱，而是要从弱处做起，像水那样，在低处凝聚力量。从这一点，可以看出老子把对"天"的思考深深融入为人处世中，是"天人合一"思想的集中体现。

三、儒道互补，天人相应

1. 儒道互补

儒道两家虽然各有不同的主张，但中国传统文化从来就没有将两者截然分开或对立，而是吸取各自所长，实现儒道互补。道家的"天道"可以理解为自然界的客观规律，儒家的"人道"则指人类社会所应该遵循的道德原则。"天道"思想同样蕴含着为人处世的智慧，"人道"思想的诞生也大多出自自然万物给予我们的启发。老子说："人法地，地法天，天法道，道法自然。"天、地、人有着不可割裂的关系。

人是自然之子，又是万物之灵。所以人类的所有行为，要对自然和宇宙充满敬畏，善待天地万物，并把这种善待与人类自身命运紧密联系起来，"与天地合其德，与日月合其明，与四时合其序，与鬼神合其吉凶。"（《易经》）

2. 天人相应

古人将自然和人类看成了一个大的生命整体，在这一生命整体的内部，万事万物互相联系、互相渗透、互相感应、互相贯通。

他们从自然万物中体悟人类的责任和使命，因此有了女娲补天、夸父追日的神奇传说；他们在与自然万物相处中锻造了不屈不挠的性格，所以才有了愚公移山的精神；他们尊重自然规律，充分发挥人类智慧，于是才有了大禹治水的顺势而为。在中国文化的源头，我们处处都能看到古人对天与人关系的思考，他们果断明智地把人与社会的命运寄托在天人关系的智慧上，而不是鬼神身上。

在中国文化视野中,"天"是公道、正义的象征,因此两者合一是真诚与良心的合一、公正和善良的合一。"天"是如此之高远、宁静,又是那么永恒而澄澈,于以天为范的中国文化由此"天道"中发现了与之相适应的"人道"。

【知识链接】北京天坛

北京天坛

天坛建于明代永乐年间,这座祭坛不仅风景绝佳,更重要的是,它是中国人"天人和谐"宇宙观的标志性体现。天坛通过巧妙的设计,突出这一建筑群的神性,寄寓着敬畏自然的思想,让人感受到融入天地中的乐趣。

【疑问小思】
1. 为什么说儒家的人道观与道家的天道观是"殊途同归"?
2. 如何从"天人合一"思想的角度来理解"厚德载物"这个词?

第二节 《周易》——运动变化的天人同构

《周易》是中国上古时代的一部经典，备受后世尊崇。这本书本来是当时占卜人事吉凶用的书，但逐渐发展为一套独特的人生哲学，并与中国人的思想、文化产生了千丝万缕的联系。

自古以来它的影响在中国很大，并已发展为一套系统的中国哲学思想，科学家根据它观察天文地理，中医根据它决定治病的方式，军事家吸取《周易》的思想智慧在战争中排兵布阵，中国人甚至利用它来健身养性，如许多人都练习的太极拳。

一、《周易》其书

关于《周易》，最早可以追溯到华夏人文始祖伏羲。《周礼》说："掌三易之法，一曰《连山》，二曰《归藏》，三曰《周易》，其经卦皆八，其别卦六十有四。"其中，《连山易》相传为伏羲氏所创，成书于夏朝；《归藏易》成书于商代，而《周易》则出自西周文王姬昌。因此，《汉书》在描述《周易》时称"人更三圣，世历三古"。"三圣"即伏羲、文王和孔子；"三古"即夏、商、周上古三代。

关于"易"字的含义，有近十种不同解读。例如《说文》认为该字出自蜥蜴的蜴，因蜥蜴又名变色龙，这里"易"的引申义是变易、变化；有人从文字学方面解读，认为"易"字上为"日"，下为"月"，表示日月轮回；《系辞传》说"生生之谓易"，"易"就是生生不息的"道"。东汉郑玄的《易论》综合诸家之言，认为"《易》一名而含三义：易简一也；变易二也；不易三也。"《易》这个书名

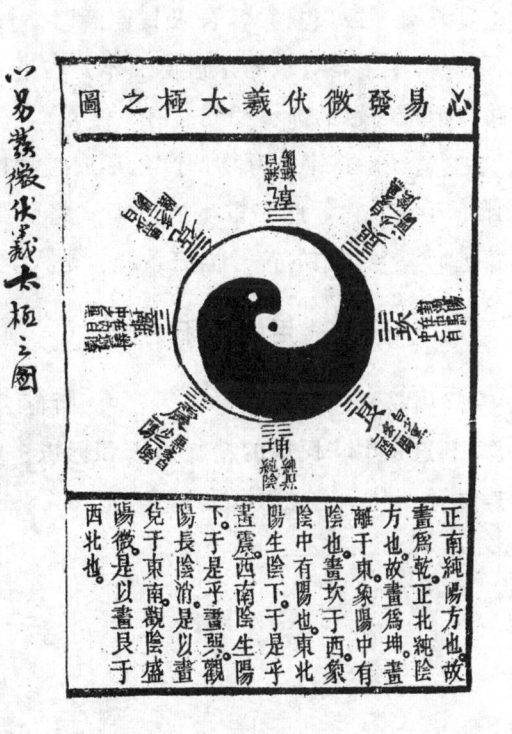

包含三个意思：简易、变易和恒常不变。

我们现在看到的《周易》包括两部分：《易经》和《易传》。《易经》包括六十四卦图形和三百八十四爻，以及解释说明的卦辞、爻辞，也就是《易经》的原文部分。而《易传》则在此基础上进一步阐发，据此提出了太极和阴阳的概念，包括七种共十篇，极大地丰富和提升了原文的内涵，这部分《易传》一般认为出自孔子之手。

史书中孔子与《周易》的渊源清晰可见。孔子说过"加我数年，五十以学《易》，可以无大过矣。"（《论语·述而》）意思是如果能多给我几年时间，从五十岁就开始学习《周易》，我就不会犯大的过错了。颇有悔莫当初之意；长沙马王堆汉墓出土帛书《要》中记载："夫子老而好易，居则在席，行则在橐。"意思是孔子晚年喜欢《周易》，在家就将其放在身边，出门就把它带在行囊里，可谓爱不释手；还有著名典故"韦编三绝"：孔子晚年整天翻看《周易》，以至于串连竹简的牛皮绳断了多次。《孔子家语》中也有孔子利用《周易》为自己占卜的具体记载。这都为孔子注解《周易》提供了有力证据。

《易传》就是专门用来解释《周易》的，共十篇文辞：《彖》（上、下）、《象》（上、下）、《文言》、《系辞》（上、下）、《说卦》、《序卦》、《杂卦》。《易传》的最大贡献在于它把之前单纯的筮术卦爻提升到理论高度，使之蕴含了博大精深的道德哲学。帛书《要》载："子曰：'易，我后其祝卜矣，我观其德义耳也。后世之士疑丘者，或以易乎？吾求其德而已，吾与史巫同途而殊归者也。'"大意是孔子从《周易》中主要寻求的是道德而不是占卜之术，他与那些追求巫术的走的虽然是一条路，但最终目的却不相同。

《易经》将宇宙万物的产生形成过程推演为：太极—两仪—四象—八卦—六十四卦—万事万物。此宇宙生成论模式将阴阳的辩证运动过程，表示为数的运动过程，并进而成为抽象的符号推演系统，是人类一个伟大的发明。

二、天人通用的阴阳之道

《周易》中有这样一句话："天行健，君子以自强不息；地势坤，君子以厚德载物"。这是中华民族的精神追求和标识，它反映了古人关于人道和天道的深沉思考，是对天人合一思想的高度凝练。

明·仇英《伏羲氏》

世间万物有白天，也有黑夜；有艳阳高照，也有阴云密布。人的生命，有生也有死，有福也有祸。《周易》把自然和人类身上这些共有特性凝练为一个"阴"字和一个"阳"字。阴暗的、负面的、处于从属地位的方面概括为"阴"，光明的、正面的、处于控制地位的方面概括为"阳"。这两个方面既相互对立，又相互依存，没有阴，就没有阳，没有阴气的作用，仅凭阳气是无法化生万物的，反过来也一样。二者相互作用，宇宙万物得以发展。

《周易》从乾卦中，凝练出"自强不息"，从坤卦中，凝练出"厚德载物"。在今天这两句话经常被作为格言来启示后人：一方面既要有刚健进取的精神，另一方面要宽厚包容，像大地那样，勇于承担。

三、变化的奥妙

《周易》的"易"，是变化的意思。阴与阳之间的相互作用，推动宇宙生生不息、变化无穷，形成无所不在的运动态势。宇宙中的一切都处在永恒的变易之中，没有固定不变的东西，所以才能产生"流水不腐，户枢不蠹"如此充满智慧的认知。

《周易》的每卦有六爻，爻按照《易经》的解释，就是运动和变化的意思。每一爻都是一个"时位"，既是一个时间点（时），又是一个空间点（位），是时空一体的。易的六爻的顺序是由下往上的，展示的是一个由低级向高级、由初始向纵深的展开过程，在不同的时间形成不同的空间变化。《周易》所展示的不是静止的生命，而是生命的流动过程。

　　正因为世界无时无刻不在变化，所以《周易》告诉人们，宇宙是一个生命的空间。有的东西看起来没有生命，如一块石头，但其实都有一种活的精神，都处于永恒的变易过程中。

【疑问小思】

1.《易经》的"易"是什么意思？
2.八卦包括哪八卦？

第三节　天人思想下的民族性格与智慧

从女娲补天、夸父追日、嫦娥奔月、精卫填海、愚公移山等诸多中国上古神话中可以看出，中国自古以来的民族性格和民族智慧，如自强不息、厚德载物，贵和尚中、安足静定等，都是在人与天地之间产生的。

一、自强不息、厚德载物

古代中国人认为天地最大，是因为它包容万物。天的运动刚强劲健，相应于此，君子应刚毅坚卓、奋发图强；大地的气势厚实和顺，君子应增厚美德、容载万物。因此，向天地之德看齐，是中国人自古以来的基本逻辑，自强不息、厚德载物是中国人的民族基因。由此才有了中国文人为苍生负责的精神传统，才有了"浩然之气"，才有了"穷则独善其身，达则兼济天下"（《孟子·尽心上·忘势》），才有了范仲淹的"先天下之忧而忧"。在中华民族屡遭磨难的历史上，在国家危难关头，总有仁人志士挺身而出，表现出刚正不阿、宁死不屈的气节。在中华民族艰难崛起的历程中，自强不息、厚德载物成为我们每一个人最根本的精神动力。

二、贵和尚中

贵和尚中是中华民族的基本精神之一，也是中华民族的一大生存智慧，它把追求统一、稳定、和谐视为最高目标。千百年来，"和"的概念以及"贵和尚中"的思维方式影响着中国人，陶冶了中华民族胸怀宽广、热爱和平、团结和睦的特殊品格。从修身、齐家、治国到平天下，都体现了中华民族对于和谐的向往与追求。

孔子在继承和发展前人思想的基础上，把将性质不同、风格相异的因素相互补充、相互协调而形成的和谐进一步运用于社会领域，重点强调社会人伦秩序的和谐状态。子曰："君子和而不

明·朱见深《一团和气》

同，小人同而不和。"即君子用自己的正确意见来纠正别人的错误意见，使一切都做到恰到好处，却不肯盲从附和；小人只是盲从附和，却不肯表示自己的不同意见。孔子还认为在处理问题时，做到和谐而不结党营私，行为庄重而不与他人争执，善于团结别人而不搞小团体的人才称得上君子。

儒家的人道观念中还有一个举世闻名却又极易被误解的思想主张——中庸之道。孔子在《论语》中提到，"中庸之为德也，其至矣乎！民鲜久矣。"但儒家思想甚至中国文化整体处处都闪耀着中庸之道的光辉，这应该说是儒家的人道观念中最为高深奥妙的部分。

中庸之道实践起来是一件非常困难的事。首先它是一种德行，需要具备孔子提出的"仁道"，以"忠恕"为核心，达到理想化的君子人格，做到这一步已经不容易，更难的是它还需要人的悟性和智慧，做到"择善固执"，做人行事不仅要做得对，还要做得好，勇于坚守住对和好的东西。如何坚守？需要我们择善而从之，这个"善"不只是善良的意思，更有"优"的意思，更好的方法、途径和原则，如何"择"就需要我们的智慧了。

中华文明倡导的厚德载物、有容乃大等精神，都是"贵和尚中"思想的体现，亲善睦邻、协和万邦、和平共处，则是对世界各国家、各民族和谐相处的卓越认识。在中国文化中，儒释道三教合一，以致对基督教、伊斯兰教等外来宗教也容纳与吸收，这都是中国古代中庸之道、以和为贵文化精神的具体体现。这种思维方式与文化精神，对中国文化和社会生活有着广泛而深刻的影响。

三、安足静定

受天人合一思想的影响，中国人整体呈现"安足静定"的生活态度，这四个字精妙地概括出国人的性格。安足静定主要受中国儒家、道家思想中的"人道"与"天道"观的影响，具体表现在安贫乐道、乐天知命、仁者无忧、致虚守静等方面。前两者使中国人有所安、易知足，后两者使中国人有定性、善守静。

1. 安与足

"贤哉，回也！一箪食，一瓢饮，在陋巷，人不堪其忧，回也不改其乐。"（《论语·雍也》）这是孔子称赞其得意弟子颜回的经典之语。在孔子看来，颜回虽"箪瓢陋巷"，却怡然自得，实属贤人之举。之所以孔子会如此赞许，是因为他找到了同"道"之人，孔子畅言自己"饭疏食，饮水，曲肱而枕之，乐亦在其中矣"。孔子不仅讲"安贫"，还强调"乐道"，"乐"在何处？孔子说"君子谋道不谋食，忧道不忧贫"，甚至有"朝闻道，夕死可矣"的感慨。此"乐"被誉为"孔颜之乐"，并得以千古传颂。

不仅如此，天人合一思想还使中国人达到乐天知命的超然境界。中国人信天、尊天，对天有一种虔诚的敬畏，相信人生际遇与天之间有一种和谐的默契，因而产生乐天知命的精神。正是这种精神，中国人才有积极入世、物我两忘的人生态度，才能到达"不以物喜，不以己悲""达则兼济天下，穷则独善其身"的人生境界。

> **【知识链接】孔子的自得其乐**
>
> 子曰："天生德于予，桓魋其如予何！"（《论语·述而》），"文王既没，文不在兹乎？天之将丧斯文也，后死者不得与于斯文也。天之未丧斯文也，匡人其如予何？"（《论语·子罕》）。这是孔子在困厄境遇下达观与自信的写照。夫子一生奔走六国，尽管仕途屡屡受挫，却依然自得其乐，并畅言"不患人之不己知""人不知而不愠"（《论语·学而》），不怨天、不尤人。

2. 静与定

中国人另一大特点是静与定，主要来自儒家"仁爱"思想和道家"致虚守静"智慧。孔子强调"仁者不忧，智者不惑，勇者不惧""君子坦荡荡，小人长戚戚"。仁是立身之本，一个人有仁爱之心，入则孝、出则悌，从而达到将心比心的宽容与理解。人心宽广了，才能海纳百川、容阔万物，才能坦荡而无忧，此种无忧正是灵魂的安宁——"仁者静"，是一种崇高的心灵境界。

老子在《道德经》中说："致虚极，守静笃。"虚和静都是形容人的心境是空明宁静状态，但由于外界的干扰、诱惑，人的私欲开始活动。"致虚极"，就是要做到空到极点，没有一丝杂念与污染。"守静笃"讲的是修炼功夫，要一心不乱、专一不二地守住心。同时，只有认识自然规律，并遵循自然规律行事，才能终生不会遭到危险。

在中国传统文化中，"虚"指心灵宁静与清净之极致，没有忧虑与私欲。人心原本是处于空明宁静的状态，只因私欲的活动与外界的扰动，而使心灵闭塞，所以必须时时做"致虚""守静"的功夫，以恢复心灵的清明，才能达到庄子"游心逍遥"的超凡脱俗。在这种状态下，解放出来的是人"心"，心放飞到自然的本真状态，无拘无束，唯有这种心灵才能培育出高远的心志与真朴的气质，也唯有这种心灵，才能引导出深厚的创造能量。正如诸葛亮《诫子书》里所说："非淡泊无以明志，非宁静无以致远。"

【疑问小思】

1. 中国人对自然的思考是如何体现在"安""足""静""定"这四个方面的，请举例说明。

2. 西方人把人与万物的思考都灌注到上帝身上，为什么中国人则把主要理性哲思都灌注在宇宙万物里？

小 结

　　中国文化精神本源就在"天人合一"这四个字，博大精深的传统文化皆发端于此。这不仅决定了中国文化的独有特色，也深深影响着中国人的民族性格，更赋予了中华民族高妙的生存智慧。因此，我们说把握好"天人合一"的含义，才能真正把握住中国传统文化的精髓。"天人合一"思想的形成和确立，不仅决定了中国文化发展的基本走向和特性，也确立了在处理人与自然关系上的实践价值观。时至今日，当人类面临着全球性的生态危机、环境危机，回过头来，重新认识、审视、阐释并普及"天人合一"的思想，就不仅是纯粹的理论研究了，而是事关人类生存发展的理性思考，具有重大现实意义。

第二章

遵礼与循法：为政以德

第二章 遵礼与循法：为政以德

【图说】 治国之道：礼制与宗法制度

明·仇英《孔子圣迹图》（孔子问礼老聃）

孔子问礼老子的典故流传深远，是孔子博学好问的真实写照。孔子问礼不仅是对自身修养的不断追求，也是中国传统礼文化的实践。

礼乐文化源远流长。礼乐的产生与华夏文明的演进同步，既是政治制度，又是道德规范。西周时期，礼乐作为一种制度确立并逐渐走向成熟，春秋战国时期，孔子承前启后把礼乐文化发展到另一个高峰。同样确立于西周时期的宗法制度，不仅影响着中国古代政治权力的继承，也是中国几千年等级制度形成的根源。

第一节　德治思想：道之以德

德治是中国古代的治国理论，是儒家学说倡导的道德规范，被封建统治者长期奉为正统思想。德治思想发端于尧舜时期，经过夏商两代的发展，周初趋于完备，并为后世所尊崇与推行。

一、发端于先秦时期的"德"

关于"德"的记载，最早见于周代的《诗经》《尚书》。在先秦文献中，"道"与"德"多分开使用。"德"，由彳、十、目、一、心组成。彳，与行走有关；十，指代直线，正确的目标和方向；目，指眼睛，表示目光瞄准、直射之意；一，惟初太始，道立于一，造分天地，化成万物；心，遵循本性、本心的意思。直视"所行之路"的方向，遵循本性、本心，顺乎自然便是"德"。后来，人们将"道"与"德"连用形成"道德"一词，其含义与今天的德行、品德大致相同。

"德"作为一种系统的治国理念是由儒家提出的，称为"礼治"，其基本思想就是"为政以德"。在儒家思想中最推崇的政治理念就是"王道""仁政"，其实质就是要求统治者以道德教化的方式推行政治制度。孔子说："道之以政，齐之以刑，民免而无耻；道之以德，齐之以礼，有耻且格。"如果仅靠政治和刑罚的手段来治理天下，老百姓固然不敢犯罪，却不知道犯罪是可耻的；如果用道德和礼仪来教化百姓，那么老百姓不但不敢犯罪，而且知道犯罪是可耻的，因而道德礼教还具有预防犯罪的作用。

孟子进一步发展了德治思想，系统地提出了"王道""仁政"的思想。他认为，实行德治必须推行"仁政"，治理国家时能够倾听百姓的呼声，关心百姓的疾苦。孟子最早提出"民为贵、社稷次之、君为轻"的思想，在总结历代王朝兴废教训时，提出了"得民心者得天下"的理论。

二、以德配天

德治作为一种政治理念提出是在殷周之际。殷周时期剧烈的社会变革冲击着传统的迷信天地鬼神的思想，取而代之的是德治思想的逐渐形成。由夏、商时期的天命思想转化为一种在伦理道德方面的礼乐观念。天命思想，是夏商时期政治思想的重要组成部分，其内涵是听从上天的命令。夏商时期天命思想的转变对西周德政思想的形成有着重要影响。

殷人的天命观重在乞求神灵庇佑，以求无灾无祸、永保富贵安康；而到周代人们的祭祀与信仰逐渐趋向于教化和道德的功能。在周人看来，天命虽然由神的意志决定，但人的道德也逐渐成为能左右神做出决定的重要因素。人可以通过修身等手段不断提高自身的人格品性与道德修养，符合上天的要求而获得护佑。也就是说，神的主宰地位在逐渐变弱，以人为本的思想由此而萌生。

作为西周时期的治政之书《尚书》，其中在赞誉明君贤臣、声讨昏君罪臣、告诫下属、劝谏君王时无不言"天"。各篇一致把"天"作为衡量正义与邪恶、正确与错误的标准。在分析商人取得政权的原因时，指出"非天私我有商，惟天佑于一德"，不是上天对我有私心，而是上天保佑有德行的人。要永保"天命"，就必须长期保持美德，拥有民众，珍惜天物，已经出现了民本思想的萌芽。要认识天命，长保天命，就必须遵循"天道"。由此可见，天命思想是西周德政思想的基础。

西周时期的天命思想弱化了天命对于统治权的作用，而在政治事务中融入德治思想，从而体现了更为深切的人文情怀。因此，道德的奉行实际上成为获取天命的现实手段，惟"其德之用"，方能"祈天永命"。这一转变，使周朝政治摆脱了殷商统治者所固执的天命必在于我的执迷，对民生的关切成为政治事务的根本对象，德治作为一种政治理念在西周已经确立。

【知识链接】《尚书》——最早的政治文件汇编

《尚书》是我国最早的政治文件汇编，是世代相传的弥足珍贵的上古文献，其时代从尧、舜、禹始，经夏、商、西周，到春秋中期为止。"尚"者意旨有二，一指上古，由来久远；二指帝王，高居在上。作为中华治政元典的《尚书》，其文本富含的治政元素，不仅是我们研究上古三代历史的基本材料，也是研究其后两千多年间政治思想史、传统文化史的基本材料。

三、国无德不兴

在中国传统文化中，德的内涵上达天道，下通人心，中及世事，涵盖所有的道德规范，因而对全社会有广泛的约束意义。在殷商时代，"德"的思想已经被用于治政，其后，经由周公和孔子的发扬与传承，德治被统治者们视为较之法治更具合理性的政治主张，运用"德"的思想来表明政策原则并逐渐形成了德治传统。中国传统德治思想以尧舜之治为基础，兼采法家的法治主张，道家无为而治、与民休息的思想，墨家兼爱尚同的主张，形成了以民为邦本、修身立德、以德化民、德主刑辅等为核心的德治思想，从而成为影响中国几千年治国理政的重要因素。

1. 社会稳固的基础：民为邦本

"德"不仅是人们立身处世的行为，也是国家昌盛和社会安定的根本保证。因此说，民为邦本是传统以德治国思想的精髓。《尚书》中说："民惟邦本、本固邦宁"，意思是百姓是国家的根本，基础牢固了国家才能安宁，即民本思想。为此，孟子提出"天时不如地利，地利不如人和"，强调"得民心者得天下"，提醒统治者"得道者多助、失道者寡助"。荀子说："民如水、君如舟；水可载舟，也可覆舟。"这些话成为中国古代民本思想的经典表述。

2. 人自身发展的需要：修身立德

中国儒家认为，一个有道德的人，应当注意修身，加强自己的道德修养及其表率作用。儒家强调，"自天子以至庶人，壹是皆以修身为本"（《礼记·大学》），只有先把自己变成一个有道德的人，才能把家治理好、把国家治理好、把天下治理好。在我国历史上，历代君王都十分推崇"其身正，不令而行；其身不正，虽令不从"的思想，统治者都深知自身的道德修养对国家兴废存亡的重大意义。正如唐太宗开盛唐之风，总结为政经验时说："若安天下，必须先正其身。"

3. 民族文明发展的必由之路：以德化人

以德治国，实行道德教化，是中国传统政治伦理思想的核心。传统德治思想认为国家之安危、社会之动乱，不完全取决于其贫富、强弱，更重要的是取决于风俗和道德的好坏。孔子云："君子之德风，小人之德草，草上之风，必偃。"君子以自身崇高的德行来感化和教育每一个社会成员，以培养他们的道德情操和文明素质，使整个社会风气向着良好的方向发展。为此，孔子提出"君君、臣臣、父父、子子"的礼法制度。他认为只要人人遵守符合其身分、地位的行为规范，便可维持理想的社会秩序，国家便可长治久安。

4. 人文情怀的突显：明德慎罚

"明德慎罚"的思想出现在西周时期，用以处理道德教化与法律刑罚之间的关系。法和罚不能从根本上达到维护社会秩序的目的，不重视道德教育，一味地依靠刑罚的强制手段，人们就不可能产生"羞耻之心"。孔子曾说过："宽以济严，猛以济宽，是以政和。"强调为政既要德治，也需要罚。西汉著名的学者贾谊主张，对于普通老百姓，可以用德；对于各路分封的诸侯国，就必须用法。这都表现出德主刑辅、德法兼用的德治思想。

德治思想影响中国几千年，传统道德提倡的爱国爱民、廉洁奉公、宽以待人、孝敬父母、尊老爱幼、诚实守信等，都一直为人们所传颂并发扬。中华民族在几千年的历史发展中，虽经历过无数患难与困苦，但终究能屹立于世界民族之林，这是同中国的博大精深的优秀传统文化，特别是优良的道德传统是分不开的。

【疑问小思】
1. 西周时期为什么会出现"以德配天"的思想？
2. 查阅甲骨文、大篆和《说文解字》，分析一下"道""德"二字的本义是什么？

第二节　社会的规范：齐之以礼

　　中国素以"礼仪之邦"著称，但准确地说应该是"礼乐之邦"，礼乐一直都被用来象征中国传统文化。孔子早在二千五百年前就提出"礼之用，和为贵"的政治主张，他所孜孜以求的礼治之"和"与我们当今倡导的和谐社会不谋而合。

祭孔乐舞

一、最早的礼：祭祀之礼

　　中国的礼文化源远流长，最早的礼为上古时期的祭祀之礼。礼的产生早于夏，《史记·五帝本纪》记载，唐虞时代已初具礼乐，如尧命舜摄政，"修五礼"；舜命伯夷典三礼；周公制礼作乐，使"礼"中充实了"德"的内容；孔子引"仁"入礼，从而赋予"礼"以全新的含义。

原始社会的人们把生老病死、吉凶祸福等归结于超自然的神灵，试图通过一定的方式，表达对其敬畏之情或是否符合神灵意愿，来达到居安避危的目的，以后这种思维方式逐渐被固定，成为最早的祭礼。随着社会的进步，人们开始认识人类自身，崇拜心理发生了变化，不仅崇拜大自然和神灵，也崇拜人类自身，敬仰那些为人类做出重大贡献的人物，重视人际间的和谐，在此基础上相继产生了人生礼俗和各种交际礼仪。原始社会一切礼仪都是为了实现人与自然、人与神灵、人与人之间的和谐，为了维持社会生活秩序，使人类得以延续和发展。

礼最初表现为祭神的器物和仪式，之后又与原始初民的生活习惯结合，影响和制约着人们的行为。到了周代，周人对殷礼作了修订以后，"礼"的内容就远远超出了其原始意义，而渗透到社会生活的各个领域，小到揖让进退之礼仪，大至经世济民之礼法，无不囊括于《周礼》中。礼不仅演变为一套系统完备的制度，而且成为人们思想言行的准则和规范。

二、不学礼，无以立

礼是古人基于天人合一的哲学信念而制定的一套行为规范。《左传》："礼，上下之纪，天地之经纬也，民之所由生也。"可见礼的地位之高之重。

孔子曾教育其子伯鱼"不学礼，无以立。"《礼记·冠义》："凡人之所以为人者，礼义也。"《诗经》更真实地反映了礼在当时大众心中不言而喻的认同感，"相鼠有体，人而无礼。人而无礼，胡不遄死。"在此，礼成了人与动物的本质区别，礼是人之为人的内在本质。实际上，礼在当时也是文明之华夏与野蛮之夷狄的根本区分。

礼一方面成了治国安民的指导思想，另一方面表现为等级纲纪体系，维护尊卑贵贱、长幼之序，昭示人与人之间的差别，让人们习以为常，认为它是一种自然合理的存在。中国古代的礼无所不包，大到社会政治、经济、军事，小至个人的衣食住行等社会人生的方方面面。礼在中国的传统文化中成为了别具深意的独特概念，它所调节的范围远远超出单纯的伦理道德或政治法度。

【知识链接】三礼

"三礼"是儒家经典《周礼》《仪礼》《礼记》的合称。《周礼》又名《周官》，是三礼之首，多认为周公所作，这部书搜集了周王朝及各诸侯国官制及制度，以儒家的政治理想加以增减取舍汇编而成。《仪礼》，又称《礼经》或《士礼》，最初直接被称作"礼"，大致形成于春秋后期，有人认为是孔子编订的。《仪礼》一书的内容主要是冠、昏、丧、祭、朝、聘、燕享等典礼的详细仪式，孔子将《仪礼》之礼传授弟子。《礼记》又名《小戴礼记》《小戴记》，据传为西汉礼学家戴圣所编。主要内容是记载和论述先秦的礼制，解释《仪礼》，记录孔子和弟子的问答，阐述修身做人的准则。其中《大学》《中庸》《礼运》等篇传诵较广，是古代科举教材。

三、孔子"礼治"思想：克己复礼

宋·马远《孔子像》

周公制礼作乐是我国第一次对"礼"的发展和改造，主要在于引"德"入"礼"，使"礼"不仅包含了人们主观方面的修养，也包含有客观方面的行为规范，将礼纳入道德范畴，使其具有政治意义。

孔子的"礼治"思想是对夏、商、周三代及其以前的中国礼治实践和思想的继承和发展。春秋末期诸侯争霸，礼崩乐坏，周礼规定的伦理秩序被冲破。为恢复"天下有道"的社会秩序，孔子提出要"克己复礼"，在周公原有"礼乐"思想的基础上，弱化了"礼"的强制性，注重对"礼"的自觉性，指出："礼云礼云，玉帛云乎哉？"意思是说，"礼"不应该只是一种礼仪，而更应该有其政治教化意义，并且还指出"人而不仁，如礼何？"进而以"仁"作为礼的理论依据。

孔子首先要求统治者"为国以礼"。《论语·宪问》有"上好礼，则民易使也。"孔子认为"礼"是立人、立国之本，因此非常注重在社会范围内进行普"礼"教育，希望人人都能克己复礼，做到"非礼勿视，非礼勿听，非礼勿言，非礼勿动"，则理想的"礼治"社会就能建立起来。孔子还要求庶民遵循礼的规范，小至家庭中的长幼、亲疏，大至社会上的尊卑、上下，都应该有严格的界限。这种差异鲜明、等级分明的社会才是天经地义的，长、幼、尊、卑各有分寸，才是最理想的社会秩序。

孔子的"礼"是外在表现形式和内在精神的结合，形式化的"礼"即"仪"，"礼"的外在形式是为了表现内在的精神实质，"礼"的实质性称为礼之"义"。"礼"不仅提供给人们一些行为规范以维持社会秩序，更重要的是它能通过这些外部的规范来起到教化的作用，培养人的知耻之心，当道德境界提升到一定的高度后，人们的行为就会由礼的约束变为道德自觉，这就是礼的"化人"之功。

【疑问小思】

1.《史记·孔子世家》中评论："孔子以诗书礼乐教，弟子盖三千焉，身通六艺者七十有二人"，其中礼的内容是指什么？

2. 孔子说："郁郁乎文哉！吾从周"，孔子为什么坚持要恢复周朝礼制？

第三节 "德"的最高境界：成于乐

"礼""乐"都是治理国家的重要手段，所以孔子将两者并称。孔子在引"仁"入"礼"的同时，将"礼""乐"并举，使"为政以德"成为其礼乐治国思想的核心。为政以德的治国之道首先要求为政者"为国以礼"，而其主要途径除"礼治"之外，便是"乐治"。

战国早期曾侯乙编钟

中国古代大型打击乐器，编钟兴起于西周，盛行于春秋战国直至秦汉。中国古代，编钟是上层社会专用的乐器，是等级和权力的象征。

一、最早的乐：雅颂之声

与礼相似，最早的乐也源于宗教祭祀，同时"乐"与中国古代先民表达情感的活动分不开。荀子在《乐论篇》中提到："制雅颂之声以道之，使其声足以乐而不流，使其文足以辨而不思，使其曲直繁省廉肉节奏，足以感动人之善心，使夫邪污之气无由得接焉，是先王立乐之方也。"通过乐，陶冶人的情操，培养人的善心，防止邪淫的腐蚀，这正是乐的社会作用。

礼乐又与人们的生活习惯慢慢地结合，进而影响和制约着人们的行为活动，最后变成人们行为活动的规范和准则。至周朝，周公制礼作乐，并将"德"加入其中。这样，乐的内容就远远超出了其原始意义，并由此形成了一套系统完备的制度，成为后世君子修身与为政者经国治世的重要思想。

> **【知识链接】高山流水**
> "高山流水"典故最早见于《列子·汤问》。伯牙弹琴，钟子期听了开头说："弹得真好啊！好像泰山一样高大。"过了一会儿，钟子期又说："弹得真好啊！好像长江黄河一样激荡。"钟子期死后，伯牙摔破琴，拉断弦，终生不再弹琴，认为世上再没有值得为之弹琴的人了。后来就用"高山流水"比喻知音难觅或乐曲高妙。

二、以乐化人：成于乐

孔子说："兴于诗，立于礼，成于乐"，以乐为其学习的最高阶段。这里的乐绝不仅限于音乐，而是由此深入人心的情感体验。乐对人的感情、性格、意志的影响可以扩展到人的心理的各个方面。这种影响是双向的，一个人内心的道德品质，可以从乐中反映出来。乐也反过来改变着人的气质、品德等。此外，乐还能调节人与人之间的关系，使人民关系和睦，步调一致，相亲相敬。《礼记·乐记》要求统治者以乐修身，做到不言而信，不怒而威，从而使百姓"莫不承听""莫不承顺"，达到以乐化人的最高境界。

《孝经》云："移风易俗，莫善于乐。"乐能反映一个国家社会政治风俗的盛衰得失，"是故审声以知音，审音以知乐，审乐以知政，而治道备矣。"乐关系政治与教化如此之大，所以周官乐有专司，孔子要教化鲁地，第一件事便是"正乐"。

"礼""乐"二者是密不可分的，一个强调同，一个强调异；一个讲"和"，一个讲"序"。乐偏重于治心，以情感人，以德化人，潜移默化地使人"承听"和顺；礼却偏重于从外在行为上规范人，强制人们去遵守。乐从内，礼从外；乐从情感，礼从理智。礼乐结合，使人内则无怨，外则不争，使社会呈现出内和而外顺的礼乐之治的景象。《礼记·乐记》说"乐胜则流，礼胜则离"，过于偏重于乐则使人放荡不羁，过于偏重于礼则使人离而不亲。又说"乐极则忧，礼粗则偏"，乐若超过极限，则招致扰乱；礼若没有节制，则产生邪恶。所以礼乐相辅相成，交互为用，不可分离，共为儒家修身、齐家、治国、平天下的重要手段。

【知识链接】学琴师襄

　　孔子向师襄子学琴，学了十天仍没有学习新曲子，师襄子对他说："可以增加学习内容了。"孔子说："我已经熟悉乐曲的形式，但还没有掌握方法。"过了一段时间，师襄子说："你已经会弹奏的技巧了，可以增加学习内容了。"孔子说："我还没有领会曲子的意境。"过了一段时间，师襄子说："你已经领会了曲子的意境，可以增加学习内容了。"孔子说："我还不了解作者。"又过了一段时间，孔子神情俨然，仿佛进入新的境界：时而神情庄重穆然，若有所思，时而怡然高望，志意深远；孔子说："我知道他是谁了：那人皮肤深黑，体形颀长，眼光明亮远大，像个统治四方诸侯的王者，若不是周文王还有谁能撰作这首乐曲呢？"师襄子听到后拜道："这支曲子正是《文王操》啊！"

三、孔子"乐治"思想，培养人美好和谐的感情

　　孔子梦寐恢复西周礼乐，也更知道礼乐的重要性，因此有了"访弘问乐""学琴师襄"的典故。苌弘博学多才，知天文地理，精星象音律，孔子问："武乐与韶乐孰为轩轾？"苌弘答："武乐为周武王之乐名，韶乐为虞舜之乐名，若以二者之功业论，舜是继尧之后治理天下，武王伐纣以救万民，皆功昭日月，无分轩轾。然则就乐论乐，韶乐之声容宏盛，字义尽美；武乐之声容虽美，曲调节器却隐含晦涩，稍逊于韶乐。故尔武乐尽美而不尽善，唯韶乐可称尽善尽美矣！"孔子于次年前往齐国聆听了韶乐，竟如醉如痴，"三月不知肉味"。孔子与苌弘的会晤，史称"访弘问乐"。

　　孔子主张为政要"道之以德，齐之以礼"，这里的"道之以德"中的"德"与"乐"相通。"乐治"思想是孔子以德治国思想的内在要求，"德音""中乐"等高雅的艺术活动从人的内心起作用，启发和涵养人的道德自觉，提高民众的道德意识，人的言行举止自然就会变得规范。这种思想高明之处就在于化人于无声无息之中，就像冰化成水，悄无声息又了无痕迹。

【疑问小思】

1. 古代乐器的"五音"和"八音"是什么？
2. 孔子说："乐云乐云，钟鼓云乎哉！"是什么意思？

第四节　宗法家族制度：家国同构

在中国古代社会，德治思想之所以能够产生如此大的影响，与其社会结构有着密切关联，而这种社会结构基础就是宗法制度。中国古代以血缘关系为纽带的宗法制度系统而完备，包括嫡子继承制、庙数之制、分封制度等。在漫长的历史发展过程中，一脉相承的专制制度和带有某种血缘温情的宗法制度相结合，形成一种"家国同构"的社会政治结构。

一、体系完备的政治制度

宗法家族制度起源于原始社会后期父系氏族社会。在父系氏族社会中，男子成为生产和生活的主导者，氏族开始按男系确定血统，人们先前尊奉动物为神祇的图腾崇拜逐渐转移到尊崇男性英雄人物的身上。图腾崇拜渐渐演变成祖先崇拜，其崇拜对象多是氏族公认的、力量强大、能造福氏族者。以男系血统确立的血缘关系逐渐成为部落的组织原则。祖先崇拜的作用，在于纪念祖先的功绩，"祖有功宗有德"，通过对祖先的崇拜，来加强对血缘关系的巩固。同时，利用血缘关系确定人们之间的长幼尊卑，从而确立一个部落的等级体系，等级制和私有制也建立在血缘关系的亲疏远近上。古代的宗法制度就是在这种血缘关系的基础上形成的。

中国古代宗法家族制度确立于夏朝，发展于商朝，完备于周朝，影响中国古代的历朝历代。"宗"所代表的是后代对祖先的继承关系。"宗族"是指同姓同族的有机整体。"宗法"则是古代社会家族或宗族的管理法则，它按照血缘的远近亲疏，将家族或宗族成员的身份加以划分，分出长幼尊卑，从而明确统治与被统治的关系。

国家产生以后，以血缘关系为基础的父系家族的传统被保留下来，这种血缘关系与社会政治等级制度相结合，从而建立宗法制度，血统成为确定社会政治地位的重要根据。原来氏族时代的显贵家族族长，在奴隶制中演变为不同等级的官吏，而君主自然是最大宗主。国家都城既是祖庙所在地，又是国家的政治中心。宗法制度在夏商两代得到发展，西周建立以后，统治者在商代宗族制度的基础上，建立了一套体系完整、等级严格的宗法制度。

西周宗法制度示意表

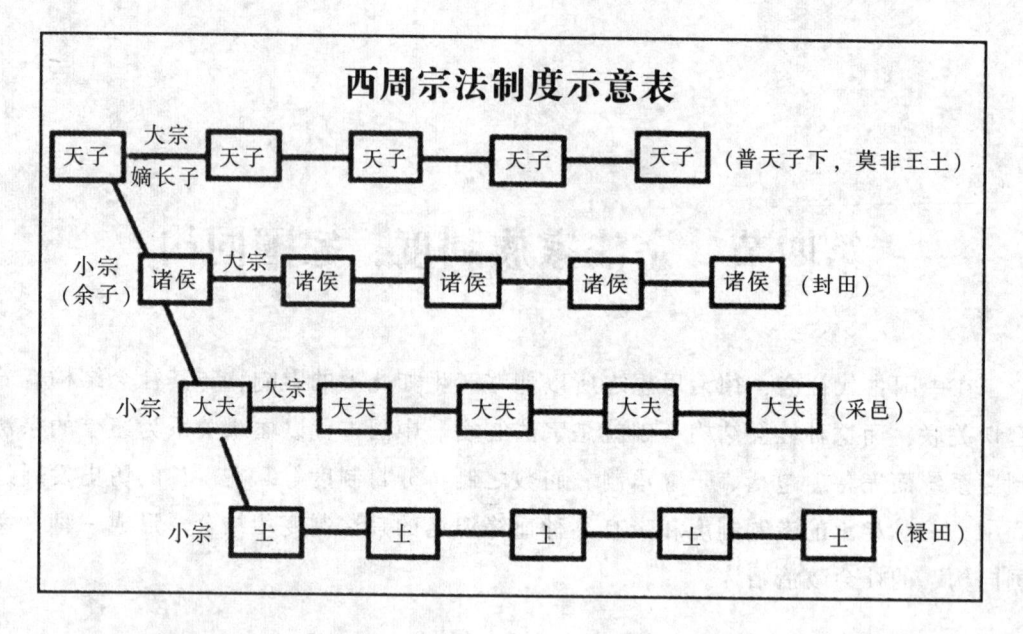

```
天子—大宗嫡长子—天子—天子—天子—天子  （普天子下，莫非王土）
  │
小宗（余子）—诸侯—大宗—诸侯—诸侯—诸侯—诸侯  （封田）
              │
         小宗—大夫—大宗—大夫—大夫—大夫—大夫  （采邑）
                   │
                小宗—士—士—士—士—士  （禄田）
```

二、长盛不衰的宗法家族制

周人最早生活在渭水以北的黄土高原，有着悠久的农业生活传统，宗族关系在社会生活中占有突出地位，这一点恰恰成为周代确立宗法制度的基础。西周宗法制度的创立者是周公。《尚书·大传》说："周公摄政，一年救乱，两年克殷。三年践奄，四年建侯卫，五年营成周，六年制礼作乐，七年致政成王。"周公制礼作乐最重要的内容就是确立宗法制度，包括王位继承制度和宗庙祭祀制度。

1. 王位世袭：嫡长子继承

商朝主要实行兄终弟及制，周代从成王之后把嫡长子继承制度作为一种王位继承制度正式确立下来，不仅严格区分嫡庶，而且在宗族内部区分大宗、小宗。无论大宗小宗都以嫡长子为宗子，宗族成员必须尊奉宗子。嫡长子继承制优点在于定分，即权力早已有所归属。古代统治者实行一夫多妻制，多妻中有一个正妻，为嫡，其子为嫡子；其他妻子为"庶"，其子为庶子。按照周制，"立嫡以长不以贤，立子以贵不以长"。也就是说，嫡长子的贤与不肖，与王位继承无关，如果嫡妻无子，则只能立庶妻中身份最高贵的妾之子，至于被立者是否为庶子最年长的，则不在考虑之内。

周代的天子世世相传，每世的天子都只能是嫡长子继承王位，并奉礼始祖，叫作大宗。嫡长子的同母弟弟与庶兄弟封为诸侯，叫作小宗，其领地曰国。诸侯国并非独立，天子对诸侯有巡狩权、命官权、迁爵权等，诸侯有对天子朝聘、进贡、出兵役、劳役等义务。每世的诸侯也由嫡长子继承父位，其诸弟封为大夫，其领地曰采或邑，卿大夫从属于诸侯。每世的卿大夫也由嫡长子继承父位，其诸弟为士；士的嫡长子为士，其庶子则为平民。士是西周统治阶层中最低的一个阶层。因此，西周的贵族阶层也就划分为四个等级：天子、诸侯、卿大夫、士。天子既是政治上的最高统治者，又是全族的宗族长，君统与族统集合于天子一身，君权由族权得以保障。这样，全国范围内的人们按血亲原则的排列处于不同等级秩序，并取得相应的政治地位和经济权利。

这样，宗统与君统合二为一，族权强化政权，家规补充国法，统治者与被统治者之间的矛盾就被血缘亲情掩盖了。由此，周天子建立了以土地国有为基础、以血缘关系为纽带、以世袭分封为结构、以宗庙祭祀为权力象征的等级制度，对中国古代社会的政治制度及家族文化产生了极大的影响。

> **【知识链接】重男轻女的源头**
>
> 宗法制度的核心是嫡长子继承制，是在此基础上制定的男性贵族本位的分封制、丧服和庙祭等一系列贵族等级制度。又由以上制度决定了贵族内部的性别等级划分：男女间分成了尊卑的位置、内外的分工及其价值界定。在性别分工上，周代贵族将"公""私"、"内""外"作严格判分：在国与家之间谈公私，在家的范围谈内外，私是相对于国事的家庭事务，由男女共同承担；在婚姻制度上，严格的外婚制将通婚的双方分为"内"和"外"——男家为内，女方为外；婚姻的原则是"利内则福，利外取祸"。在家庭、生育、立嗣和继承等制度方面，父权家族把"继祖传嗣"作为婚姻的主要目的，所以，不但认定只有生男孩才算有后，而且要求嫡妻所生长子最有合法的继嗣权。对男女孩子的不同期望和好恶态度，使父系时代重男轻女的风俗有了制度的根据。作为家庭角色的妻子，只有生了男孩才能在丈夫的家中确立稳定的地位。

2. 分封制：邦国的形成

封邦建国也就是我们所说的分封制，分封制是由宗法家族制度直接派生出来的一种巩固政权的制度，由周人创立。因为分封的出发点就是周王室将同姓子弟亲属封至中央四周的地方邦国，以血缘关系为纽带联系起来，作为保护周王室的屏障。而分封制度的具体内容即"天子建国，诸侯立家，卿置侧室，大夫有二宗"（《左传·桓公二年》）。《礼记·礼运篇》称为"天子有田以处其子孙，诸侯有国以处其子孙，大夫有采以处其子孙"。诸侯受封要举行一定的仪式，由司空授土、司徒授民，即《大盂鼎》所说"受民受疆土"。诸侯受封后就成一个地方邦国，有向周天子朝聘、进贡、出兵役劳役的义务，而周天子对封国则有巡狩权、命官权、迁爵权等。

诸侯分封卿大夫，卿大夫的领地称为"采"或"邑"，史家一般称为采邑制。不过采邑与封国的性质有诸多不同，其主要差异是采邑没有封国所有的许多独立自主的权力，卿大夫也依此例分封士，士是西周统治阶级中最低的一个阶层，一般要靠自己的技艺和本领为卿大夫服务。

3. 宗庙祭祀：慎终追远

宗法制度既然是以血缘亲疏来辨别同宗子孙的尊卑等级关系，以维护宗族的团结，所以十分强调尊祖敬宗，最重要的就是宗庙祭祀制度。据《礼记·王制》记载，周天子为七庙，诸侯为五庙，大夫为三庙，士为一庙。宗庙祭祀制度的发展，形成了中国传统的丧葬文化和礼乐文化。这种严格的宗庙祭祀制度，对于维护以家族为核心的宗法制度和巩固政权，发挥过重要作用。进入封建社会之后，这一传统仍被统治者所继承，并有发展之势。皇宫之前，左宗右社的制度延续到明清。今北京故宫前左侧的劳动人民文化宫便是明清的太庙，右侧的中山公园是明清的社稷坛，也就是"左宗右社"的格局。"左宗"是宗法的标志，"右社"是国土的象征，共同代表着这个王朝的天下和对全部土地臣民的占有。

【知识链接】什么是"封建"？

封建是"封邦建国"的简称，是确立于西周时期的封邦建国制度，即今天我们所说的分封制。它是由宗法制度直接衍生出来的一种政权制度。分封制的出发点和目的是"封建亲戚，以藩屏周"（《左传》僖公二十四年）。就是说，周王室分封的主要目的是将同姓子弟亲属封为地方邦国，以血缘纽带联系起来作为保护周王室的屏障。

三、家天下的思想与宗法家庭制度

进入秦汉以后，虽然周代实行的世袭制已经被军功制、察举制等所取代，而且郡县制的实行打破了分邦封国制度的局限，但宗法家族制依然在中国社会长期存在。从某种程度上说，它是构成中国传统政治体系稳定结构的关键，它的影响主要体现在：

1. "家天下"的观念与家国同构的政治体制

家国同构，就是家庭和国家在组织结构方面的相似性和共通性，它们都以血缘关系的亲疏远近作为权力的主要依据。天子是全国的最高统治者，不仅是皇室的家庭统领，也是全天下人的家族统领。家与国的组织系统与权力分配模式，都是按照严格的父系家长制设立的。这种家国同构的传统政治结构，建立在忠孝一体化的基础之上。家是国的缩影，国是家的外延，一个人在家庭关系中的表现直接决定了他对国家的态度。中国社会庞大的政治体系就是建构在一个个稳定的家庭关系之上的。宗法家族制度俨然成为与普通民众联系的纽带，君权与父权互为表里，共同构成了家国同构模式。

在中国人的心目中，素来只有朝代而无所谓真正的国家，这便是受到了宗法家族制度的深远影响。西周时期建立的这种宗统与君统合二为一的"家天下"的宗法制度，其本质就是国家家族化、家族政治化。虽然秦始皇统一中国，废分封、设郡县，逐渐建立了一整套严密的官僚体制，但权力核心仍掌握在自己手中。他自称始皇帝，以后二世、三世……要千万世地传下去，其本质依旧是"家天下"观念的延续，各种官僚体制都是围绕着如何维护皇权而设立的。这种家天下的思想不只统治者有，还深深地影响到广大民众。西汉末年农民起义时，都去找西汉皇室的后裔作为自己的旗帜；绿林军起义找来刘玄，赤眉军起义找来刘盆子。以后有司马氏的晋朝、杨氏的隋朝、李氏的唐朝、赵氏的宋朝、朱氏的明朝、爱新觉罗氏的清朝，一个朝代一个家族统治的现象，造就中国的历史就是不同家族兴盛衰亡的演变史。

2. 延续不断的封国制度

宗法家族制度对传统中国政治体制的另外一个影响，就是分封制度延续不断。秦统一六国之后，以郡县制取代了分封制，将中央、地方的控制权牢牢掌握在手中，但这并未改变秦代二世而亡的命运。汉统一天下后，汉朝的政治家在总结秦朝速亡的经验教训时，其中重要一条就归咎于秦始皇废分封。所以西汉初年刘邦就大封同姓王，就连在封侄子刘濞时看出他面带反相，也只说了一句"天下同姓为一家也，慎无反"，而依然封其为吴王。汉景帝时刘濞果然联合其他诸侯王发动旨在夺取中央政权的"七国之乱"，使西汉朝野震惊。平乱后，朝廷找到一系列限制诸侯国的办法，如削藩、推恩令、左官律、附益法等，但谁也没有把封国制度去掉。东汉刘秀，鉴于西汉封国反叛的教训，封皇子的事尽管大臣多次提议，他始终犹豫不决，最终还是没有摆脱宗法关系的束缚。自此以后分封制成为中国古代社会政治体系的主要架构。

虽然历代帝王为封国问题大伤脑筋，也发生过许多封王叛乱，如西汉"七国之乱"、西晋"八王之乱"等，但这都没能使得分封制被废除，究其原因，还是宗法家族观念的影响所致。直到辛亥革命推翻封建帝制，中国才彻底改变了这一延续数千年的局面。

【疑问小思】

1. 如何理解"家国同构"？

2. 宗法制度影响下中国传统社会结构的特征是什么？

小　结

　　中国历史上，"德"和"法"一直是国家治理的根本手段，如同鸟之双翼，这对调整社会关系、维护社会秩序发挥了重要作用。通观两千多年的中国古代社会历史，凡是"德"和"法"两者关系处理得好的朝代，统治时间就长，社会经济文化就繁荣发展，有时还会出现"盛世之治"局面；相反，凡是两者不能同步协调发展的朝代，就多为社会矛盾、冲突、天灾人祸所困扰，出现社会动乱、国家分裂而很快改朝换代。总结历史经验教训，特别是认真研究和重视吸收中国古代的"德治"思想，对培育和弘扬社会主义核心价值观、实现政通人和的政治局面具有十分重要的意义。

第三章
人格与修为：修齐治平

【图说】谦谦君子　窈窕淑女

五代·韩滉《文苑图》　　　　　　　明·唐寅《红叶题诗仕女图》

"谦谦君子"指谦虚谨慎、能严格要求自己、品格高尚的人。《易·谦》："谦谦君子，卑以自牧也。""淑女"是指女人在仪表、谈吐、举止、思维和行为习惯上独具中国特色的女性魅力，真正表现出女人纯洁、温柔、真挚的人格魅力。《诗经·周南·关雎》："窈窕淑女，君子好逑。"

中华文化源远流长，其中沉淀着中华民族最深层的精神追求。它塑造了中华民族的性格，融入在我们民族的血液中。尤其是传统的人格与修养思想，对我们今天社会道德建设多有借鉴。儒家所追求的君子人格、淑女风范，为我们树立了精神信仰的坐标，其所倡导的修身方法更为我们塑造完美人格指明方向。我们应该取其精华，并发扬光大。

第一节　中国古代理想人格：入世、游世、出世

中国传统文化对人格的影响主要是通过塑造理想人格而达成的，在社会制度和严密礼教的配合下，个人把理想人格所负载的文化模式内化为自己的行为模式。中国传统理想人格理论是从儒教传统文化中凝结和升华出来的。最具代表性的是儒家、道家、佛家，它们在内在层次、精神境界和实现方法等方面都有着比较完整和系统的理论体系，对中国传统道德理论的演进发挥了重要作用。

一、古代圣王理想人格：内圣外王

中国古代理想人格思想丰富，各家学派都建构了自己的理想人格，尤其是儒家，通过托古的形式，把他们的理想人格寄托在古代帝王的身上，以此对整个国民人格造成影响，而这也是最初的理想人格。托古主要是通过塑造尧、舜、禹等圣贤古帝，把理想人格的特质寓于其身，从而对社会产生影响。先秦诸子对尧、舜、禹、汤、文、武、周公等古帝的人格构想，主要包括"内圣""外王"这两个特质。

"内圣外王"最早出现于《庄子·天下篇》，后被儒家所继承，其含义为个人修养具有圣人的德性，对外施行王道，即人格理想与政治理想两者的结合。在孔子的思想中，"内圣"和"外王"是相互统一的，"内圣"是基础，"外王"是目的，只有内心不断修养，才能成为"仁人""君子"，才能达到"内圣"，也只有在内圣的基础上，才能安邦治国，达到外王的目的。同样，内圣只有达到外王的目的才有意义，"外王"实现了，"内圣"才最终完成。子曰："夫仁者，己欲立而立人，己欲达而达人。"自己立身、通达了，也不要忘记使别人立身、通达。也就是说，在满足自身需要的同时，要满足他人的需要，两者都满足了，才是一个真正的"仁者"，才能真正做到"内圣外王"之道。

【知识链接】内圣外王——尧帝

尧帝，姓尹祁，号放勋。生于公元前2377年甲申，卒于公元前2259年辛巳。因封于唐，故称"唐尧"。他严肃恭谨，光照四方，上下分明，团结族人，使邦族之间和睦相处。尧为人简朴，吃粗米饭，喝野菜汤，自然得到人民的爱戴。尧到年老时，由四岳十二牧推举舜为部落联盟军事首长继承人。尧帝把自己的两个女儿嫁给了舜，又对他进行了长期考察，最后才放心地禅让。

尧帝像

二、儒家理想人格：君子

儒家主张积极入世，着眼于匡世济民，改造社会。儒家要求具有理想人格的君子要以天下为己任，为建立一个秩序良好、仁义遍地的理想社会而奋斗。孟子主张"达则兼济天下，穷则独善其身""乐以天下，忧以天下"，有着非常强烈的社会责任感和历史使命感。君子主要有三个人格特征：

1. 以"仁"为本

君子的本质是"仁"，所谓"仁者爱人"，"仁"作为儒家思想的极高境界，它的具体含义是指"爱人""爱他人"。"仁"的核心为孝悌。孝悌，就是孝敬父母、友爱兄弟。有了孝悌这个根本，才能生出爱人的情感。"弟子入则孝，出则悌，谨而信，泛爱众而亲仁"，由天性之爱的孝悌而推及的"泛爱众"，即是把亲子手足之爱从先天的血缘领域引申到了后天的人与人之爱的关系中，血亲之爱由个性之爱走向共性之爱——仁爱。"仁"的原则为忠恕。忠恕，即"己欲立而立人，己欲达而达人"和"己所不欲，勿施于人"，要求人们将心比心，积极利人助人，给他人以机会和力所能及的帮助。这既是孔子做人的原则，也是他所倡导的君子所应具备的品性。

2. 行中庸之道

儒家理想人格中，还包括另一重要的道德要求，这就是中庸。所谓中庸，要在持中，孔子说："不得中行而与之，必也狂狷乎。狂者进取，狷者有所不为也。""狂"即激进，"狷"即拘谨，是相互对立的两个极端。儒家主张既不偏于狂，也不偏于狷，于两端之间取其中，是谓"中行"。儒家所期冀的理想生活是超越世俗而离不开日常生活世界,但人的精神又必须尽量达到最高境界的生活,这就是"极高明"。"道中庸"则是指做人的准则,也就是"中正之道"。儒家君子人格是高明与中庸的统一。孔子本身也是"极高明而道中庸"的楷模,有内在的道德觉悟但不张扬自我;有广泛的游世悲愿但不依附权势;有高远的历史使命但不自居仁圣。

3. 与天地合其德

就理想人格而言,天人合一有两个基本方面:一是自然规则与人的道德原则的统一,二是达到天人合一境界。儒家的理想人格既是天人合一的中枢,又是天人合一的化身。这种天人合一表现在人的整个存在是融入整个自然总体之中的,并且遵循着自然界永恒不移的规律,人只是自然界中极其微细的点滴。圣人的行为,不仅应符合自然变化的要求,而且应以实现天道为己任,自强不息。

【知识链接】坐怀不乱

柳下惠,本名展获,后人尊称为"和圣"。相传在一个寒冷的夜晚,柳下惠宿于郭门,有一个没有住处的女子来投宿,柳下惠恐她冻死,叫她坐在怀里,解开外衣把她裹紧,同坐了一夜,并没发生非礼行为。于是柳下惠就被誉为"坐怀不乱"的正人君子。

柳下惠像

三、道家理想人格:神人

道家的理想人格是进入审美境界的艺术人格,即"真人、至人、神人"。这一境界的人格,以淡泊清静、高洁雅致为特征,并且能够超越生死。"神人"是道家庄子上升到审美层次的理想人格,它包含两个最基本的特质:

一是超越物欲、超越现实的思想境界。君子不为物质的享受而活,以道德的完美为生命意义。庄子主张无私无欲,不让精神受外物所累。他认为要达到这种境界,必须摆脱外在的诱惑,远离声色,达到"喜怒哀乐不入于胸次"。他们深切地体会到,现实社会已把人变成奴隶,扭曲了人的本性,人们对"名""利"的追求变得虚伪贪婪,所以道家的理想人格要求超越世俗羁绊。

二是无为、虚静的精神追求。《老子》第五十章指出:"盖闻善摄生者,路行不遇兕虎,入军不被甲兵;兕无所投其角,虎无所措其爪,兵无所容其刃。夫何故?以其无死地。"所谓善摄生者,就是指能够忘物我,非功利,摆脱一切俗事杂念,这句话就是说，当个体在心理精神上忘却自身，消除一切功利欲望时，就能消灾避祸，这里的消灾避祸是主观精神上的，心不以灾为灾，不以祸为祸，灾害就无法侵入人的身心，即只要做到无为、虚静，就能求得精神上的平衡自足。

道家的自然无为，返璞归真，要求人们保持纯洁的自然天性和虚静淡泊的心境，这对中国人的人生态度产生极大的影响。中国知识分子钟情山水、向往自然，尤其是在官场失意之后，更是向往回归宁静淳朴的田园生活，保持内心的平静淡泊，像诸葛亮"淡泊以明志，宁静而致远"、苏东坡"因病得闲殊不恶，安心是药更无方"都反映了他们的这种心态。这种自然无为、虚静淡泊的生活态度逐渐影响到人们形成恬淡、高雅、玄远、脱俗的生活情趣。中国画著名的潇湘八景——"平沙落雁""远浦归帆""山市晴岚""江山暮雪""洞庭秋月""潇湘夜雨""烟市晚钟""鱼村落照"，这些宁静、悠远、朦胧的画境深深地反映了士大夫们忘物我、超功利、寻求自由的人生态度。

【知识链接】庄周梦蝶

庄周梦见自己变成了蝴蝶，感到愉快和惬意，不知道自己原本是庄周。突然间醒过来，惊惶不定之间方知原来是我庄周。不知是庄周梦中变成蝴蝶，还是蝴蝶梦中变成庄周，庄周与蝴蝶必定是有区别的，这就叫作物我的交合与变化。庄子运用浪漫的想象力和美妙的文笔，通过对梦中变化为蝴蝶和梦醒后蝴蝶复化为己的描述与探讨，提出了人不可能确切地区分真实与虚幻、生死物化的观点。由于它包含了浪漫的思想情感和丰富的人生哲学思考，引发后世众多文人骚客的共鸣，成为了他们经常吟咏的题目，最著名的莫过于李商隐的《锦瑟》——"庄生晓梦迷蝴蝶，望帝春心托杜鹃。"

庄周像

四、佛家理想人格：超人

佛家在东汉末年传入中国，由于其思想体系与中国文化难以相融相通，所以处于传统文化的附庸地位，只是儒家思想的一种补充。随着历史的发展，佛教内部融通、改革趋势增强，人的心性问题成为理论核心。"佛"即佛学中的超人，亦即其所要努力实现的理想人格。它主要有两个基本内涵：

一是超尘绝俗，泯灭七情六欲。"苦"和"空"是佛教的两个基本核心，中国佛教则更注重宣扬一个"空"字，所谓"诸行无常，诸法无我，涅槃寂静"，就是说人间万事万物都处于不断变化之中，因而人的生命是变化无常的。大千世界，纷纷万象，荣辱兴亡，酒色财货只不过是一场梦幻，即便是人自身，依然是幻景中的假象。一切无，一切空，是佛教对待客观世界和现实社会的基本态度。在对真如佛性的追求中，不以生死牵其精神，不以爱憎之情累其生命，做到超尘绝俗，泯灭七情六欲。

二是追求内心恬淡和谐。佛教视万物为空无，对顺逆讲究自性的清静，即清除一切人生的欲念。佛家所求的无欲是对"逆"的最好破解。人生无常，外界的事物和内在的想法都是"空"，因此佛家教导人们要放下一切，摆脱苦难。视逆为顺的人生态度，对于饱受生活艰难的人讲，不失为一种对待逆境的超脱手段，而佛教追求清净恬淡、根绝欲念、随缘而安、忘却今世、求得解脱，在物质横流的世界中，不失为一种超脱、潇洒、自由的风度，是佛教普度众生、塑造人们精神品格的重要方式。

【知识链接】凤凰涅槃

　　一个与火有关的美丽神话。传说中的天方国，有一对神鸟，雄为凤，雌为凰，满五百岁后，集香木自焚，复从死灰中更生，从此鲜美异常，长生为死。雄奇的大黑山上，彩霞满天，高达十米的烈焰从山顶喷薄而出，瀑布飞流直下，在水与火的交融中，凤在歌鸣，凰在和弦，演绎一部五百年前的神话、一个流传千古的美丽传说。这段故事以及它的比喻意义，在佛经中被称为"涅槃"。

【疑问小思】

1. 儒家君子人格的特征有哪些？
2. 如何理解"君子固穷"的修身理念？

第二节　君子之道：怀德、知耻、有礼、不器

"君子"一词，最早见于先秦典籍，指社会地位尊贵的男子，着重强调政治地位的崇高。而后孔子为"君子"一词赋予了道德含义，自此，"君子"一词有了德性。有关"君子"的言论，无不与"君子之道"相生相发，所谓"君子之道"，即成就君子的途径，就是君子的核心价值观。"君子之道"内容丰富，博大精深，其中重要内涵包括以下四个方面。

一、君子怀德

"仁义为本，以德为怀"是"君子之道"的第一要素。"仁"是孔子思想乃至整个儒家学说中的核心理念，本指人与人之间相亲相爱，孔子把"仁"作为最高的道德原则，诸如"克己复礼为仁""里仁为美""当仁不让于师"等。在孔子看来，无论在什么情况下君子都应以仁德行事。孔子认为，君子应将"仁"当成人生的最高境界，用作衡量约束自己的行为。即使身处险境，危在旦夕，也必定以仁义至上的要求作为言行准则，甚至"杀身以成仁"。清末戊戌变法时，惨遭杀害的谭嗣同等六君子，就是为了仁义将生死置之度外。由此可见，"仁"在君子心目中是何等神圣，何等至高无上。作为现代人，理应将古代君子所具备的仁义道德用于我们的日常生活。

"德"是人性之本，主要指利人、利他、利天下的社会责任。子曰："君子怀德，小人怀土；君子怀刑，小人怀惠。"这里所说的君子、小人，主要是指地位，而不是人品，君子、小人的差别，根本上是公、私之间的差别，以公共利益为主要趋向，便是君子；以个人利益为主要趋向，则是小人。这里"小人"是指普通百姓，所以"怀土""怀惠"也是合理的，算不上恶。但即使是普通百姓，如果一直思念自家乡土而不去守护天良大善，永远自顾私利恩惠而不去关注社会法规，就不成为君子。

孔子把"德"和"土"并列为一个对立概念，这是现代人不容易理解的。对于这个问题，儒家经典《礼记·大学》中有一个很有意思的论述，即对君子心目中的轻重关系作了一个排列。在这个排列中，第一是德，第二是人，第三是土，第四是财。

结论是德为本，财为末。作为君子，放在人生最前面的必须是道德。有了道德，才会有真正的人；有了人，才会有脚下的土地；有了土地，才会产生财物；有了财物，才能有所享用。

二、君子知耻

孟子曰："人不可以无耻，无耻之耻，无耻矣。"意思是人不可以没有羞耻之心，由没有羞耻之心到有羞耻之心，便没有羞耻之事了。知耻是中国传统文化中的道德底线，是人自身道德完善的终点。儒家认为，人必须有羞耻之心，只有知道什么是耻辱之后才能明辨是非、对错和善恶，才能避免做不道德的事，才能去做符合道德的事。

孔子曾赞赏知耻辱的君子精神，说："知耻近乎勇"。一个人只有具备羞耻之心，才能见财不贪，临难不屈；才能谦和退让，取舍有度。无论是个人修养还是成大事，知耻辱都是良知的先导。

孔子在《论语·子路》里说过，君子，包括"士"，必须"行己有耻"。也就是时时要以羞耻感对自己的行为进行"道义底线"上的反省和警惕。孔子在这里所说的"耻"，与我们现在所说"可耻""无耻"相比，范围要宽泛得多。

首先，知耻必先知善。子曰："道之以德，齐之以礼，有耻且格。"这是说一个人能以广德之心处世，并以"礼"来节制自己的行为，就会远离耻辱成为正直的人。倘若一个人没有这种追求高尚品德的独立人格，就只能在个人生存利益上考虑；不懂得善，也不可能以不善为耻。所以，一个人要真能知耻，就必须在知善的基础上实现。面对生活的甘苦、个人的荣辱、生命的安危、事业的成败而心地坦荡、宁静淡泊、严于律己，在这种境界下，就能知耻发奋，就能言行一致。

其次，知耻必先自知。《道德经》："知人者智，自知者明"。意思是了解他人的人聪明，但能了解自己的人才是最明智，最难能可贵的。知耻是说一切道德行为要具有自觉的动机，是发自内心的自觉行为；知耻也意味着一种自己衡量、自己选择的过程；知耻又意味着一种在社会、人与人之间关系中发生的具体行为。因而它离不开一个人对自己的评价与了解。知道自己的追求和理想，知道自己的弱点与强项，知道自己在人群中的位置和责任，才能知道"耻"的具体内容。

最后，知耻后必有行动。孟子云："知耻而后勇"，指的是一种在遭受磨难与打击后，在困境面前，毫不气馁、绝不后退、绝不自暴自弃，而是保持奋发进取、迎难而上的精神状态。耻辱具有两重性，它既是一个挑战，又是一个机遇；既是一种障碍，又是一种锻炼。人只有在知耻后有相应的行动，才可能有卧薪尝胆的决心和勇气，否则就不能正确认识自己的不足，故步自封，只能是愈发失败。

【知识链接】周处除三害

晋人周处年轻时，为人凶暴强悍，十分任性，被同乡的人认为是一大祸害。当地的河中有条蛟龙，山上有只白额虎，百姓们称他们是"三害"，而这三害当中周处最为厉害。有人劝说周处去杀死猛虎和蛟龙，实际上是希望三个祸害互相拼杀后只剩下其中一个。周处就去杀死了老虎，又下河斩杀蛟龙，蛟龙在水，有时浮起有时沉没，周处与蛟龙一起漂游了几十里。三天三夜后，同乡的人都认为周处已经死了，大家在一起互相庆祝。周处终于杀死了蛟龙，他听说乡里人以为自己已死而互相庆贺，才知道自己实际上被当作一大祸害，因此有了悔改的心意。于是就去吴郡找寻陆机和陆云两位有修养的名人。陆机不在，只见到了陆云，周处就把全部情况告诉了陆云，并提出自己想要改正错误，可是岁月已经荒废，怕最终也不会有什么成就。陆云说："古人珍视道义，认为早晨听闻了圣贤之道，就是晚上死去也甘心，况且你的前途还是有希望的。再说，人就怕立不下志向，如果有了志向，又何必担忧好名声不能远扬呢？"周处从此改过自新，最终成为一位历史上有名的忠臣。

三、君子有礼

君子的种种思想品德，需要形之于约定俗成的行为规范，这便是礼，由礼构成仪式，便是礼仪。礼作为道德要求，其基本精神便是谦恭与礼让。谦恭即谨慎、虔诚，无论对待人生、他人和社会都必须严肃认真、谨小慎微。对己而言，正心须有诚意；对人而言，事父母须孝敬，事君须忠敬，与朋友交须诚敬；对自己的职责，必须"战战兢兢，如履薄冰"。子曰："君子矜而不争。"坚持一定道德原则的不争、礼让，才成为谦逊的美德。

古人认为凡有德者必谦逊恭敬，绝不自恃才高，而君子待人接物更应泰而不骄"礼让不争"。早在《周易》中就有"谦谦君子"一词。"君子敬而无失，与人恭而有礼""君子无所争，必也射乎，揖让而升，下而饮，其争也君子"。足见那时人们已将谦恭作为君子必备的素质之一。同时，君子还应遵循礼制，知礼懂乐。"君子博学于文，约之以礼，亦可以弗畔矣夫"，在孔子的伦理教育体系中，"礼"是社会行为规范和道德生活的准则，是受社会舆论和制度约束的。

谦恭知礼是君子所持有的良好品格，为人们称道。"礼"在生活中随处可见，在人际交往和社会活动中不可小觑，故孔子对"礼"十分看重。尤其中国传统的生活礼仪，曾被我们的祖先视为社会生活的基本规矩，这与今天所讲的文明礼貌实质是一致的。古人注重儿女尽孝道，而今孝顺父母，敬重长辈仍是不可或缺的。人际交往中的礼尚往来等，无一不是古代君子崇文尚礼优良传统的传承。中华民族是礼仪之邦，每个国人都应遵从文明礼仪，把中国的传统礼仪与时俱进，升华为"中国之礼"，方可推进中华民族加速步入高度文明的社会。

> **【知识链接】战国四君子**
>
> 　　战国时代末期，秦国越来越强大，各诸侯国贵族为了对付秦国的入侵和挽救本国的灭亡，竭力网罗人才。他们礼贤下士，广招宾客，以扩大自己的势力，因此养"士"（包括学士、方士、策士或术士以及食客）之风盛行。当时，以养"士"著称的有魏国的信陵君魏无忌、赵国的平原君赵胜、楚国的春申君黄歇、齐国的孟尝君田文。四人都是礼贤下士、结交宾客之人，后人称之为"战国四君子"。

四、君子不器

《论语·为政》："君子不器"。子贡听到老师以少有的语气赞赏子贱"君子哉若人"，就迫不及待地问："您看我怎么样？"孔子说："你呀，就是个器呀。"子贡说："什么器呢？"孔子说："瑚琏。"显然，在孔子看来，子贡距离君子的标准还有一段距离。但比喻归比喻，君子作为人，器作为物，这两者之间存在根本的不同，所谓"君子不器"，是君子不同于器、不止于器、不满足于器，不被器所束缚的意思。

孔子解释"君子不器"的意思是，作为君子，不能囿于一技之长，不能只求学到一两门或多门手艺，不能只求职业发财致富，而应"志于道"，从万象纷呈的世界，去悟到众人以下所不能把握的规律，从而以不变应万变。

"君子不器"，在当代思维中又可引申为"防止全面工具化"。如果放到日常生活中，"君子不器"主要会给我们两方面的帮助：

第一，尽量不要成为器物的奴隶。管子所说的"君子使物，不为物使"，说明了君子对于器物的主动性。现在有很多人过度追求器物之盛，其实早已远远超过了生命的实际需要，这就使自己成了器物的奴隶，他们成天收藏、拼比着奢侈器物，琳琅满目，乍看是生命的扩充，其实是生命的奴化，须知，哪怕是积器如山，堆物成城，也比不过你简囊远行的身影。

第二，尽量不要使自己变成器物，这比成为器物的奴隶更为严重，其实也更为普遍。这种异化过程，在开始的时候还很难发觉，当你在某一职业、头衔、角色上粘住了、僵化了、风化了，那就要当心，因为异化过程已经开始，与君子的活体渐行渐远。东汉史学家班固在《汉书》中说："君子直而不挺"，意思是说君子秉承着刚直的道德，但是不能过于死板。

如果我们把"器"理解为在某一领域取得成功的"人"，也许更为接近孔子的原意。比如说，一个拿过奥运冠军的体育明星、一个获得奥斯卡奖的电影明星、一个荣获诺贝尔奖的科学家，毫无疑问，他们的人生是成功的，是成器了。但是，若为了保住自己的"成器"地位，就甘愿听人差遣，受人摆布，关键时刻不说自己想说的，而只说人家要你说的话，完全丧失了作为人的独立判断和自由精神，那么你就是被器所异化的一个悲剧。如果是这样，不管你成就多大的器，最终你只能被定格在"器"的层面，而无法进入"君子"的行列。

【疑问小思】
1. 怎样理解"君子怀德，小人怀土"？
2. 君子不器中的"器"是什么意思？

第三节　君子修身：自省、克己、慎独、宽人

以儒家思想为中心的中国文明，讲克己修身。儒家注重道德教化，明确提出"以修身为本"的思想，并开宗明义："大学之道，在明明德，在亲民，在止于至善"，指出了修身的方向和目标。以孔孟为代表的儒家先哲们从培养"仁人君子"这一理想人格出发，根据长期的教学和育人实践，总结出一套切实有效的道德修养途径和方法，以便每个人随时了解和克制自己内心的思想与情绪，实现人格的自我完善。

一、内省不疚

内省不疚出自《论语·颜渊》，解释为自我反省，内心并不感到惭愧不安。自省是儒家所倡导的十分重要的修养方法，这种修养方法要求人们经常反省自己的意识和行为，辨察、剖析其中的善恶是非，开展自我批评并进行自我修正，不断提高自己的道德水准和学识水平。孔子表述过"内自省"的思想，曾子提出的"吾日三省吾身"的自我修养方法，孟子提倡"自反""反求诸己"的思想。

自省的内容十分丰富，大致有如下方面：仁义礼智信忠恕善和学识，可以分为德性和学识两个方面。在辨别自己是否有违背德性和学识言行的时候，应该以"圣贤所言"为依据和标准。自省是达到"圣人"和"君子"道德、学识境界的一种手段。这种手段是一种涵养手段，具有自身的一些特性。儒家认为，自省是"修身"之本，是"中兴之本"。儒家讲求"内圣外王"，其思想内涵之一，是指自身的修养是"外王"的前提，只有具备良好的自身修养，才能完成治理国家的任务。在"格物""致知""诚意""正心""修身""齐家""治国""平天下"中，修身是头等大事。

自省是自觉的、主动的，而不是表面的、被动的。人非圣贤，孰能无过，有了过错就必须诚实地面对它、反省它。但是，反省本身有时是一件非常痛苦的事情，它需要勇气，需要自剖隐痛，有时还事关人格与尊严。尽管如此，要自觉地把不便说的说出来，不便写的写出来，然后扪心自问："我为什么会这样？如何更正？"唯有如此，人才可以完善自己，才可以提高自己，才可以塑造理想的人格。

【知识链接】君子九思

孔子曰："君子有九思：视思明，听思聪，色思温，貌思恭，言思忠，事思敬，疑思问，忿思难，见得思义。"

君子有九种情况需要慎重考虑。当观察一件事情时，要考虑是否看得清楚；听人说话时，要考虑是否听得明白；对自己的处事态度，要考虑是否保持温和；在待人的礼节上，要考虑是否谦逊恭敬；言谈方面，要考虑是否诚实可信；对于工作事业，要考虑是否全力以赴；对于有疑问的问题，要考虑应该询问请教别人；在发脾气之前，要考虑是否会产生后患；在可得之时，要考虑是否合于仁义。

二、克己力行

克己是指培养节制自己的能力。孔子说："克己复礼为仁"，意思是说人们只有克制自己的欲望和不正确的言行，自觉遵守道德规范，才能达到仁的境界。做到"非礼勿视、非礼勿听、非礼勿言、非礼勿动"，使自己的视、听、言、行，一举一动都符合礼的规定，只要每个人都能以礼约束自己，就可以使人人成为君子，社会仁道得以弘扬。

力行就是坚定的实践，是指人们通过自己的行动不断实践修身的思想和理念。保证修身的思想不管遇到任何阻力都能够不断推进，通过修身主体不断自我完善，从而使修身不停留在口头上而流于形式。《中庸》说："力行近乎仁。"孔子也说，"故君子名之必可言也，言之必可行也。君子于其言，无所苟而已矣"。他强调"君子欲讷于言而敏于行"，认为道德高尚的君子必须是"敏于事""敏于行"。他反对夸夸其谈，只说不做，认为"君子耻其言而过其行"，所谓"巧言令色，鲜矣仁"。在言与行孰先孰后的问题上，孔子明确主张"先行其言而后从之"。他认为，言而不行的人不是道德高尚的人。他要求人们做到"言必信，行必果"，其重行的思想十分明显。

【知识链接】《朱子家训》

《朱子家训》又名《朱柏庐治家格言》,全文仅634字,精辟阐明了修身治家之道,是一篇家教名著。该著作以"修身""齐家"为宗旨,通篇意在劝人要勤俭持家安分守己。讲中国几千年形成的道德教育思想,以名言警句的形式表达出来,可以口头传训,也可以写成对联条幅挂在大门、厅堂和居室,作为治理家庭和教育子女的座右铭,自问世以来流传甚广,被历代士大夫尊为"治家之经",清至民国年间一度成为童蒙必读课本之一。

三、慎独自律

"慎独"见于《中庸》:"道也者不可须臾离也,可离非道也。是故君子戒慎乎其所不睹,恐惧乎其所不闻。莫见乎隐,莫显乎微,故君子慎其独也。"

"慎独"指的是人们在个人独自居处时,也能自觉地严于律己,谨慎地对待自己的所思所行,防止有违道德的欲念和行为发生。能否做到"慎独",以及坚持"慎独"所能达到的程度,是衡量人们是否坚持自我修身以及在修身中取得成绩大小的重要标尺。"慎独"作为自我修身方法,之所以古往今来受到德育思想家们的重视,是因为它作为"入德之方",不仅在古代的道德实践中发挥过重要作用,而且在人们修身中具有十分重要的功用。慎独表明的是一种人生态度,表里如一;彰显的是一种人生境界,襟怀坦白。我国历史上涌现出许多秉持这一操守的君子:如东汉的杨震"天知、地知、你知、我知";三国时的刘备"勿以无主之梨",只因"梨虽无主,我心有主";汉朝的苏武牧羊。凡此种种,无一不是慎独自律、追求道德完善的体现。

【知识链接】天知地知，你知我知

东汉杨震是个颇得称赞的清官。他做过荆州刺史，后调任为东莱太守。当他去东莱上任时候，路过昌邑。昌邑县令王密是他在荆州刺吏任内荐举的官员，听到杨震到来，晚上悄悄去拜访杨震，并带金十斤作为礼物。王密送这样的重礼，一是对杨震过去的荐举表示感谢，二是想通过贿赂请这位老上司以后再多加关照。可是杨震当场拒绝了这份礼物，说："故人知君，君不知故人，何也？"王密以为杨震假装客气，便说："幕夜无知者。"杨震立即生气了，说："天知、地知、你知、我知，怎说无知？"王密十分羞愧，只得带着礼物狼狈而回。

四、宽以待人

在处理人际关系时，孔子倡导"忠恕"的道德原则，说"躬自厚，而薄责于人""己所不欲，勿施与人"；朱熹说"尽己之谓忠，推己之谓恕，"这里指凡事要推己及人，将心比心，设身处地地为他人着想。即君子对自己要严格要求，而对于他人，则要宽容相待。

尊老爱幼、团结互助是中华民族的传统美德，无论从孔子的"和为贵"学说，还是墨子的"兼相爱"理论，告诉我们的都是这个道理，要宽以待人。具体说来，宽以待人要求我们，面对各种误解和委屈不要心怀怨恨，不要过高地要求别人，更不要抓住别人的缺点不放；要用严格要求别人的态度要求自己，用宽容自己的态度宽容别人，用博大的胸怀去包容别人。这样我们就会少一些烦恼，多一些快乐。

君子学习、修身的目的在于"行义以达其道"。通过修己获得思想境界的提升，从而传播道义，德化民众，济世安民。孔子说："修己以敬""修己以安人""修己以安百姓"，是说修养自己就要使自己严肃、庄重、恭敬地去做事；修养自己就要善待他人；修养自己就要使天下所有百姓得到安宁和太平，这在《大学》中被概括为"修身、齐家、治国、平天下"。君子修正身心，净化心灵，与道相合，与德相应。只有道德高尚的人才能胸怀坦荡、与人为善，才能够承担起维护真理的社会责任和使命。

【疑问小思】

1. 怎样理解"吾日三省吾身"？
2. "慎独"的含义是什么？

小　结

　　君子人格是儒家积极倡导、努力追求的理想人格，为一代又一代的仁人志士所追求，对中华民族性格的形成和发展产生深远的影响。儒家文化中的君子人格理论，对人们理想人格的培养和塑造起到巨大的作用。在中国传统文化中，君子人格是每个人都可以通过修德获取的人格，君子境界也是每个人都能到达的境界。当代大学生应该大力弘扬中华传统美德，加强人格修为，塑造君子人格、淑女风范，努力提升自己的精神境界以达到人格的完善。

第四章
汉字与文学：文以化人

【图说】 仓颉造字

> 取像鸟跡始作文字
> 辨治百官领理万事
>
> 仓颉

仓颉，复姓侯刚，号史皇氏，传为轩辕黄帝史官。相传仓颉"始作书契，以代结绳"。在此以前，人们结绳记事，即大事打一大结，小事打一小结，相连的事打一连环结。后又发展到用刀在木竹上刻画符号记事。随着文明的进步，用结绳和刻木的方法，已不能满足需要，仓颉"观奎星圜曲之式，察鸟兽蹄爪之迹"——仓颉日思夜想，仔细观察天上星宿的分布，地上的山川脉络、鸟兽虫鱼痕迹和草木器具的形状，描摹绘写，整理得到的各种素材，创造出了代表不同含义的各种符号，从此结束了结绳记事的历史。

第一节　魅力无穷的汉字

一、甲骨文：从仓颉造字说起

"仓颉造字"的传说流传已久。《淮南子》载："昔者仓颉作书，而天雨粟，鬼夜哭。"《说文解字》载："仓颉之初作书，盖依类象形，故谓之文；其后形声相益，即谓之字。"关于这个传说的真实性，学界争论已久。多数学者认为，汉字不可能出自一人之手，而是多年来集体智慧的结晶，或许仓颉对最初的文字进行过系统的加工整理。从出土的甲骨文来看，早在黄帝时期就已经有了汉字的雏形，这是不争的事实。

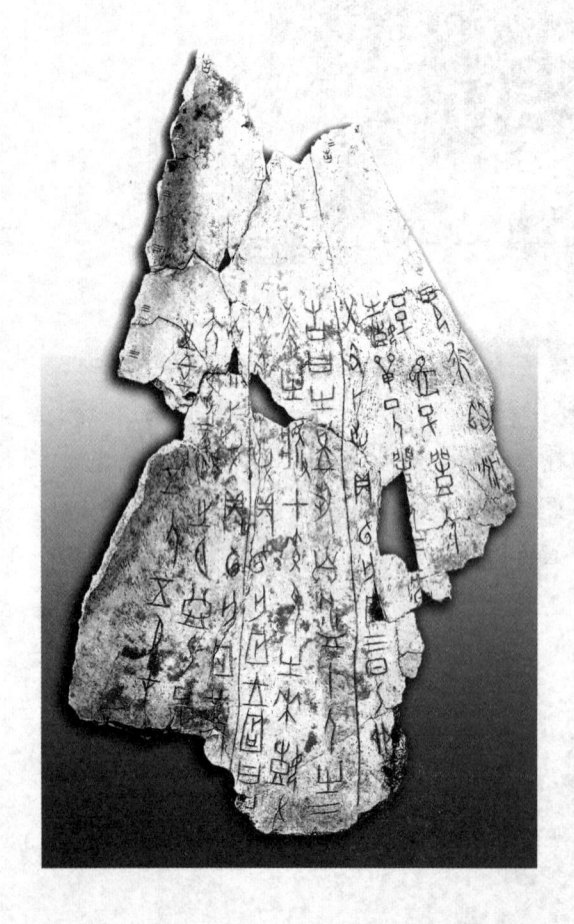

1. 什么是甲骨文

甲骨文又称契文、殷墟文字、龟甲兽骨文，因刻在龟甲兽骨上而得名。甲骨文是迄今发现的中国最古老的文字，它上承原始刻绘符号，下启青铜铭文。甲骨文内容一般是商代王室占卜之事或者结果，反映了商朝的政治和经济情况。甲骨文已具有对称、稳定的格局，字形结构也已由独立体趋向合体，而且出现了较多的形声字，说明造字能力已相对成熟。

2. 甲骨文的发现及整理

清光绪25年（1899年），国子监祭酒王懿荣无意中看到一味叫"龙骨"的中药上刻划有一些符号，仔细端详后，觉得这很像古代文字。他把药店所有刻有符号的龙骨全部买下，又通过古董商四处搜购，共收集了1500多片。

他对这些龙骨研究后发现，它们并非"龙"骨，而是几千年前的龟甲和兽骨。他从甲骨上的刻痕上辨识出雨、日、月、山、水等字，又找出商代几位帝王的名字，由此断定这是刻划在甲骨上的商代文字，从此"一片甲骨惊天下"。

据统计，迄今共出土刻有文字的甲骨15万多片，刻有不同的单字约4500个，已释读出的约2500个。目前关于甲骨文著述的专著不下百种，如罗振玉的《殷墟书契考释》、王襄的《簠室殷契征文》、刘锷的《铁云藏龟》、董作宾的《殷墟文字甲编》、王国维的《观堂古今文考释》、屈万里的《殷墟文字甲编》、郭沫若的《甲骨文字研究》等。

二、六书：汉字的构成

现在的汉字包括点、横、竖、撇、捺、折、勾等基本笔画，由这些基本笔画组成偏旁部首和单体字，再由偏旁部首（包括单体字）组成数以万计的汉字。古人将汉字构成和使用的六种基本方法总结为"六书"，即象形、指事、会意、形声、转注、假借。汉字虽然数量众多，结构多样，从最简单的一笔到繁杂的五十多笔不等，但不外乎这六种。

1. 象形

"象形者，画成其事，随体诘诎。"（出自许慎《说文解字》，下同）意思是，象形字就是用线条或笔画，勾勒出物体的外形特征，也就是依葫芦画瓢，看上去既像字又像画，所以我们说"书画同源"。象形字来自图画文字，是一种最原始的造字方法。和图画相比，象形字的图画成分减弱，象征性质增强。

例如"山"是连绵起伏的山的形状，"木"形象地表示树枝和树根，"月"像一弯明月，"龜"（龟的繁体）像一只龟的侧面，"馬"有马鬃、有四条腿，"魚"是有鱼头、鱼身和鱼尾，"艸"（草的本字）是两棵草，"門"是左右两扇门，而"户"最初指单扇的门，"牛"和"羊"分别是牛头和羊头的正面形状，等等。

象形属于"独体造字法"，象形字可以作为其他字的偏旁部首，而不能拆分成两个或多个字。但象形字一般只能表示有具体形状的物体，有很大的局限性，因为很多事物是画不出来的，但其他的汉字是在象形字的基础上创造的。

需要说明的是，汉字演变至今，很多原本的象形字，现在已经看不出与所指物体的关系，如"水""手""心""女"等。要详细了解象形字的由来，还需要从甲骨文入手。

山　月　龟　马
户　门　鱼　草
牛　羊　水　手
心　女

以上例字的大篆书体

2. 指事

"指事者，视而可识，察而见意。"意思是，一看这个字，就可以想到所要表示的含义。指事是一种抽象的造字法，当没有或不方便用具体形象画出来时，就用一种抽象的符号来表示。大多数指事字是在象形字的基础上添加、减少笔画或符号而来的。

例如"刃"字是在"刀"的锋利处加一点，表示加点的地方就是刀刃；"母"是在"女"中上部加两点，用哺乳的乳房和女表示母亲；"甘"是在口内加一点，表示口中含着食物的味道；而"香"由"禾"和"甘"组成，表示吃到食物的味道；"上""下"二字则是在主体"一"的上方或下方画上一点或短横，表示物体的方位；"本""末"二字则是在"木"字的下方和上方各加一笔，表示树根和树梢。

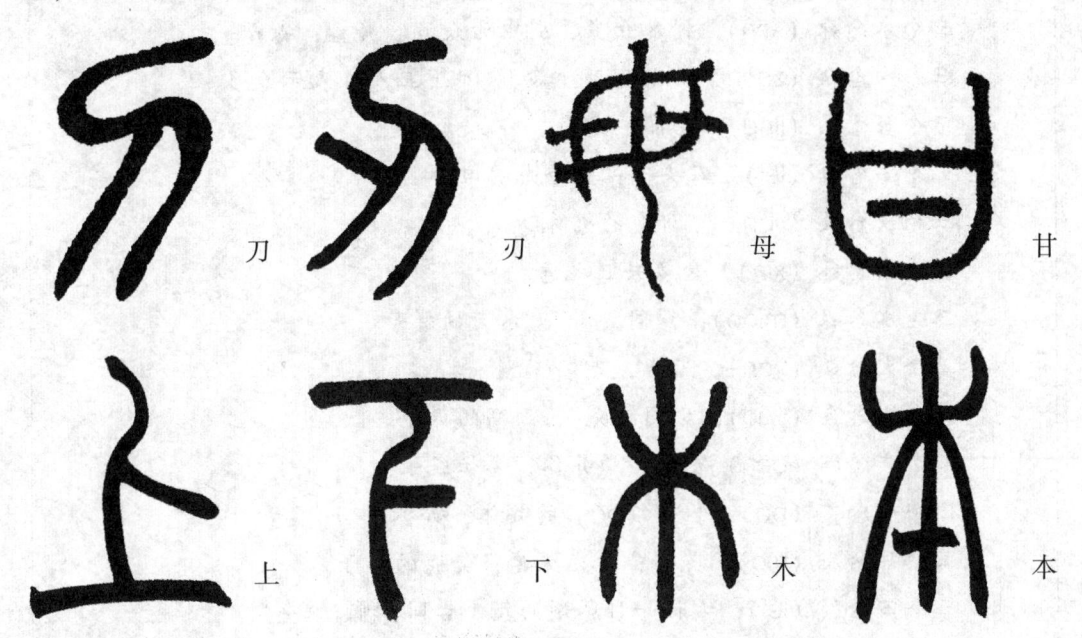

刀　刃　母　甘

上　下　木　本

以上例字的大篆书体

3. 会意

"会意者，比类合谊，以见指㧑。""会意"的意思是体会字的意义，是指用两个及两个以上的独体汉字，根据各自的含义组合成的一个新字。会意是为了弥补象形和指事的不足而新创的造字法，可以表示很多抽象的意义，而且它的造字功能强，会意字比象形、指事字多出许多。

如"武"由"戈"和"止"（趾的本字，脚）组成，表示人拿着武器行走，这才是武的本义（有人解释"止戈为武"，是出于哲学层面的演绎，不能作为解字的依据）。"莫"（暮的本字，下面的"大"是"艸"的变形）指太阳落入草丛之中，表示日落时分；"盥"指双手放在有水的器皿里，表示洗手；"休"指人倚靠在树木上休息；"伏"（古通"服"）指狗趴在站立的人面前，表示服帖、顺从；"鸣"用"口"和"鸟"表示鸟叫；"左""右"二字分别表示左手和右手。以上这样由不同字组成的是异体会意字。

由相同的字组成的为同体会意字。如"比"指两个人相向而坐，表示方向、志趣等相同；而"北"（背的本字，相反）指两个人相背而坐，与"比"的意思相对；另外，还有用三个相同的字组成的叠字，如品、焱、森、晶、淼等。

63

【知识链接】品字形叠字

三个口念品（pǐn），物件；等级；性质；品评；品尝等。

三个木念森（sēn），树木众多，引申为众多、繁盛；森严。

三个人念众（zhòng），原字为"衆"，目下三人，表示众多。

三个日念晶（jīng），结晶；光亮。

三个石念磊（lěi），石头多；心地光明坦白。

三个女念姦（jiān），"奸"的繁体。

三个金念鑫（xīn），金多兴旺之意。

三个水念淼（miǎo），意同"渺"，水大的样子。

三个火念焱（yàn），光华，光焰。

三个土念垚（yáo），古同"尧"，山高的样子。

三个牛念犇（bēn），"奔"的异体，急忙或强大。

三个手念掱（pá），"扒"（pá）的异体，如扒手。

三个目念瞐（mò），美目；目光深邃；美丽的样子。

三个田念畾（lěi），古代一种藤制的筐。古同"雷""垒"。

三个马念骉（biāo），众马奔腾的样子。

三个羊念羴（shān），原意群羊；"膻"的异体。

三个犬念猋（biāo），狗奔跑的样子，引申为迅速、飙升。

三个鹿念麤（cū），"粗"的异体。

三个鱼念鱻（xiān），"鲜"的异体，原指生鱼。

三个贝念赑（bì），用力的样子；神兽赑屃。

三个力念劦（xié），古同"协"；又念liè，用力不停。

三个毛念毳（cuì），人体的"寒毛"；鸟兽的细毛。

三个耳念聶（niè），"聂"的繁体。附耳小语；姓。

三个车念轟（hōng），"轰"的繁体。轰响；轰击；轰赶。

三个直念矗（chù），直立，高耸。

三个龙念龘（tà、dá），群龙腾飞的样子。

三个原念厵（yuán），古同"源"。

三个雷念靐（bìng），雷声。

三个飞念飝（fēi），义未详。

三个刀念刕（lí），姓氏。

4. 形声

"形声者，以事为名，取譬相成。"形声字是在象形、指事、会意字的基础上形成的，由形旁（又称"义符"）和声旁（又称"音符"）组成。形旁是指示字的意思或类属，声旁则表示字的发音。形声突破了象形、指事、会意造字的局限，很快成为创造汉字的主要方法，极大地丰富了汉字的数量和表达的含义。现代汉字中，形声字占到85%以上。现在仍然利用形声创造新字，如外来语翻译或新的科技词汇等。

用"木"字旁多表示与树木有关的字，如杖、杆、桂、梨、樱等；用单立人"亻"多表示与人有关的字，如仆、仕、伍、侄、俪等；用草字头"艹"多表示与花草有关的字，如芳、芙、花、莲、蕙等；用三滴水"氵"多表示与水有关的字，如河、沐、洼、淘、源等；用金字旁"钅"多表示与金属有关的字，如钉、铜、银、铲、镖等；用肉"月"（多在左）多表示与肢体有关的字，如脸、胳、肚、腰、腿等。

同样，随着汉字的演变和改革，以及读音的变化和规范，许多原本的形声字现在已看不出造字的用意，如《说文》所举的江、河二字，读音都发生了明显的变化。

另外，有一些汉字，兼有会意和形声的特点。例如"功"，既可看作以"力"和"工"会意，而"工"也有表声旁的功能；再如"返"，既可看作以"反"和"辵"（解作行走，变形作"辶"）会意，而"反"也有表声的功能。这类字称为会意兼形声字。

【知识链接】形声字结构

左形右声：材 偏 铜 冻 证 骑 秧 破

右形左声：攻 颈 削 瓢 放 鹅 雌 故

上形下声：管 露 爸 芳 崖 宵 界 字

下形上声：架 案 慈 斧 贡 膏 凳 赏

外形内声：固 病 庭 阀 园 匾 裹 衷

内形外声：闷 问 闻 辫

形在一角：栽 载 裁

声在一角：醛 渠 旗

---

5. 转注

"转注者，建类一首，同意相受。"就是指同一个部首、同一意思的两个字可以互相解释。转注字要有三个条件：两字同一部首，两字声音相同或相近，两字可以互相解释。例如"老""考"二字，都属"老部"，《说文》解释："老，考也。"

"考，老也。"转注字必须是一对，而不能是单字。这类字本身就很少，现在已基本不用，如"老""考"二字，现在字义已明显不同，不能转注了。

6. 假借

"假借者，本无其字，依声托事。"就是在不造新字的前提下，借已有的同音或近音的字来表达新的含义。如"令"的本义是命令，后来在表示县令时，就直接借了这个字；"长"的本义是表示尺寸的长短，后来在表示时间长短时，就借了这个字。

还有一种：本有其字，但故意用另一个同音或近音字代替。这一类在古书中常见。如借"蚤"为"早"，借"汤"为"荡"，借"壶"为"瓠"等。一般假借字都是同音字或近音字，但同音字并不一定是假借字。随着汉字数量的增多，现在这种情况已不多见。

三、《说文解字》：最早的字典

《说文解字》简称《说文》，东汉许慎著。它是世界上最早的字典之一，是我国第一部按部首编排的字典。许慎根据文字的形体，创立了540个部首，540部又归并为14大类，正文按这14大类分为14篇，卷末《叙》为一篇，共15篇，收录汉字9353个。《说文》至今仍是文字学家和书法家的必备工具书。

《说文》的体例是先列出小篆，然后解释这个字的本义，再解释字形与字义或字音之间的关系。《说文》中的部首按照形体相似或者意义相近的原则排列，开创了部首检字的先河，后世的字典大多沿用这个方式。《说文》首次系统地提出"六书"说，对"六书"做了全面、权威性的解释。

后代研究《说文》者众多，清朝最为兴盛。如段玉裁的《说文解字注》、朱骏声的《说文通训定声》、桂馥的《说文解字义证》、王筠的《说文释例》、《说文句读》等，以上四人也被称为"说文四大家"。

【知识链接】《康熙字典》

《康熙字典》是在明代《字汇》《正字通》的基础上增订而成的辞书，总纂官张玉书、陈廷敬，修纂官有凌绍霄、史夔、周起渭、陈世儒等。该书编撰历时六年，因成书于康熙年间而得名。《康熙字典》采用部首分类法，按笔画排列单字，全书分为12集，每集又分为上、中、下三卷，共收录汉字47035个，是收录汉字最多的中国古代字典，也是中国第一部以"字典"命名的汉字辞书。

【疑问小思】

1. 为什么说"书画同源"?
2. 查一查《说文》,汉字部首"月"字旁源自哪几个字?

第二节　千姿百态的文学

"文学"一词始见于《论语·先进》："文学：子游、子夏。"先秦时期，将以文字写成的作品统称为文学，魏晋以后才逐渐将现在意义上的文学作品单独列出。文学是以语言文字为工具，形象化地反映客观现实、表现作家心灵世界的艺术。中国一般将文学分为诗歌、散文、小说、戏剧四大类。

一、《诗经》与《离骚》：独领风骚两千年

清代学者赵翼有两句著名的诗："江山代有才人出，各领风骚数百年。"这里"风骚"的"风"就是指代表《诗经》的《国风》，而"骚"是指代表《楚辞》的《离骚》。后人用"风骚"来代表两种古代诗歌风格，也用以形容文采或文人的风采，例如毛泽东的诗句"唐宗宋祖，稍逊风骚"。而《诗经》和《离骚》历经两千多年，依然散发着无穷的文学魅力。

1. 孔子与《诗经》

《诗经》是中国最早的一部诗歌总集。搜集了公元前 11 世纪至前 6 世纪的古代诗歌 305 首。《诗经》最初称为"诗"或"诗三百"，西汉被尊为儒家经典后才改称《诗经》。《诗经》内容包括爱情与婚姻、祭祀与宴会，民俗与风情，以及天象、地貌、动物、植物等方面，是西周初期到春秋中叶约 550 年间社会生活的一面镜子。

《诗经》分为风、雅、颂三部分。其中，"风"的意思是土风、风谣，收集了当时十五国的民歌 160 首，是《诗经》最有代表性的部分；"雅"105 首，分为大雅和小雅，多为贵族祈丰年、颂祖德之词。"大雅"的作者多是贵族文人，"小雅"中也有部分民歌；"颂"40 首，是周王庭和贵族宗庙祭祀之词。

《史记》说，孔子把从各地搜集的 3000 多首诗歌，最后删订为 305 首。孔子对《诗经》有很多论述，例如："《诗》三百，一言以蔽之，曰：思无邪。""诵《诗》三百，授之以政，不达；使于四方，不能专对。虽多，亦奚以为？""不学《诗》，无以言。""兴于《诗》，立于《礼》，成于《乐》。""《诗》，可以兴，可以观，可以群，可以怨。迩之事父，远之事君。多识于鸟兽草木之名"等。

2. 屈原与《离骚》

屈原，芈姓，屈氏，名平，字原，战国时楚武王之子屈瑕的后代。屈原是中国历史上第一位伟大的爱国诗人，以投江自尽的方式表现自己悲壮的爱国情怀。屈原是"楚辞"的创立者和代表人物，中国浪漫主义文学的奠基人，是中国诗歌由集体创作到个人独创的标志，因此被誉为"中华诗祖"。

屈原的主要作品有《离骚》《九歌》《九章》《天问》等。《离骚》绚丽多姿，波澜起伏，想象瑰奇，气魄宏伟，表现出积极浪漫主义精神和宁为玉碎不为瓦全的坚贞品格，是他的代表作。西汉司马迁："离骚者，犹离忧也。"东汉王逸："离，别也；骚，愁也。"全诗373句，2490字，以理想与现实的冲突为主线，以花草禽鸟的比兴和瑰奇迷幻的神境，倾诉了对楚国命运和人民生活的忧虑。"长太息以掩涕兮，哀民生之多艰"，主张"举贤而授能"，慨叹"世人皆醉我独醒"，发出"路漫漫其修远兮，吾将上下而求索"的呐喊。

北宋·李公麟《九歌图》

后世文人对屈原的作品及其精神推崇备至。西汉贾谊被谪迁长沙，作《吊屈原赋》；司马迁从"屈原放逐著《离骚》"中汲取力量，完成了称为"史家之绝唱，无韵之离骚"的《史记》；李白称："屈平辞赋悬日月，楚王台榭空山丘"；杜甫慨叹"窃攀屈宋宜方驾，恐与齐梁作后尘。"

可以说，屈原已成为两千多年来文人士大夫的精神丰碑。屈原投江的夏历五月五日也被列为国家法定节假日，成为中国唯一一个因个人而设立的法定节日，就连孔子也未得此殊荣。

二、诗词曲赋：律动的文字

在中国这个诗的国度，无论男女老幼，几乎人人都能信口背诵几首诗词。如果说《诗经》和《楚辞》开了词赋先河，那么，唐诗、宋词、元曲等则是把这一文学形式推向了成熟和鼎盛。以诗言志，已成为中国文人自古以来的一种现象或传统。

1. 唐诗

唐朝是中国历史上最为鼎盛的朝代之一，也是诗歌最为繁荣的时期，在众多鼎盛和繁荣里，留给我们最为深刻印象的无疑就是唐诗了。清代编辑的《全唐诗》，"得诗四万八千九百余首，凡二千二百余人"，计900卷，是收录唐诗数量和作者最多的。

唐诗泛指创作于唐朝的诗。唐诗的基本形式有六种：五言古体诗、七言古体诗、五言绝句、七言绝句、五言律诗、七言律诗。古体诗对音韵格律的要求比较宽：一首之中，句数可多可少，篇章可长可短，韵脚可以转换。近体诗对音韵格律的要求比较严：一首诗的句数有限定，即绝句四句，律诗八句；每句诗中用字的平仄声有一定的限制，韵脚不能转换；律诗还要求中间四句对仗。古体诗又叫古风，近体诗称为格律诗。

唐诗的代表人物，有"初唐四杰"：王勃、杨炯、卢照邻、骆宾王；之后，便是妇孺皆知的浪漫主义代表李白和现实主义代表杜甫；另有王维、孟浩然代表的田园诗派和高适、岑参、王昌龄代表的边塞诗派。中唐时期，代表人物有刘长卿、韦应物代表的山水诗，韩愈、孟郊代表的韩孟诗派，白居易、元稹代表的新乐府诗派等。晚唐有温庭筠、李商隐、杜牧、韦庄等。其中，李商隐和杜牧被人们称为"小李杜"。其中，李白、杜甫、白居易、元稹被称为"唐诗四大家"。

【知识链接】唐代诗人别称

诗骨——陈子昂：词意激昂，风格高峻，有"汉魏风骨"。

诗杰——王勃：流利婉畅，宏放浑厚，独具一格。

诗狂——贺知章：秉性放达，自号"四明狂客"，其诗豪放旷达。

诗家天子——王昌龄：深情幽怨，音旨微茫。

诗仙——李白：想象丰富奇特，风格雄浑奔放，色彩绚丽，清新自然。

诗圣——杜甫：紧密结合时事，思想深厚，境界广阔。

诗囚——孟郊：作诗苦心孤诣，惨淡经营，元好问称之"诗囚"。

诗奴——贾岛：一生以作诗为命，好刻意苦吟。

诗豪——刘禹锡：沉稳凝重，格调自然，格律粗切，白居易称之"诗豪"。

诗佛——王维：不少诗歌中有浓厚的佛教禅宗意味，以禅入诗。

诗魔——白居易："酒狂又引诗魔发，日午悲吟到日西"。

五言长城——刘长卿：擅长五言诗，自称"五言长城"。

诗鬼——李贺：善于熔铸词采，驰骋想象，善于运用神话传说创作。

2. 宋词

词始于汉，定型于唐而兴盛于宋，宋词是继唐诗后的又一种文学体裁，兼有文学与音乐两方面的特点。每首词都有一个调名，叫作"词牌"，依调填词叫"倚声"，句子有长有短，便于歌唱，故又称曲子词、乐府、长短句等。《全宋词》共收录1330多家的宋词近20000首。词的起源虽早，但高峰在宋代，因此后人将宋词与唐诗并列。

词牌是词的格式的名称，决定了一首词的格式和曲调，比较常用的词牌就有100多个。词牌有三个来源：一是原来就是乐曲的名称，如《菩萨蛮》《西江月》《风入松》《蝶恋花》等；二是取词中的几个字作为词牌，如《忆秦娥》《忆江南》《如梦令》等；三是本来就是词的题目，如《踏歌词》《唉乃曲》《渔歌子》《浪淘沙》等。

宋代，词的创作出现了多种流派，如以苏轼、辛弃疾为代表的豪放派和以柳永、李清照为代表的婉约派，以上四人也被称为"宋词四大家"。

> **【知识链接】常见词牌名**
>
> 词牌名有二至五字不等，其中以三字居多。常见的有：
>
> 忆王孙 如梦令 乌夜啼 长相思 生查子 点绛唇 浣溪沙 菩萨蛮
> 卜算子 采桑子 谒金门 诉衷情 忆秦娥 清平乐 更漏子 南歌子
> 醉花阴 浪淘沙 鹧鸪天 鹊桥仙 虞美人 南乡子 玉楼春 一斛珠
> 踏莎行 蝶恋花 一剪梅 临江仙 渔家傲 苏幕遮 定风波 锦缠道
> 谢池春 青玉案 天仙子 江城子 满江红 声声慢 朝玉阶 兰陵王等。

3. 元曲

元曲源自"蕃曲""胡乐"，首先在民间流传。元统一后，先后在大都（今北京）和临安（今杭州）为中心的南北地区流传开来。元曲包括杂剧和散曲。杂剧是宋代以滑稽搞笑为特点的一种表演形式，元代发展为戏曲，每本以四折为主。明清两代也有杂剧，但每本不限四折。散曲盛行于元、明、清三代，但没有宾白，内容以抒情为主，有小令和散套两种。

元曲有严密的格律定式，每一曲牌的句式、字数、平仄等都有固定格式，但允许在定格中加衬字甚至增句，押韵上允许平仄通押，比律诗和宋词有更大的灵活性。元曲题材丰富多样，创作视野宽广，人物形象丰满感人，语言通俗易懂，成为继唐诗、宋词之后的又一代表性文学形式。

> **【知识链接】元曲小知识**
>
> 元曲四大家：关汉卿、马致远、郑光祖、白朴；
>
> 元曲三要素：唱（唱词）、科（动作）、白（对白）；
>
> 元曲四大悲剧：关汉卿的《窦娥冤》、白朴的《梧桐雨》、马致远的《汉宫秋》、纪君祥的《赵氏孤儿》；
>
> 元曲四大爱情剧：关汉卿的《拜月亭》、王实甫的《西厢记》、白朴的《墙头马上》、郑光祖的《倩女离魂》。

4. 散文

"散文"一词始见于《史记》。古代为区别于韵文和骈文，把凡不押韵、不重排偶的散体文章统称为散文。后又泛指诗歌以外的所有文学体裁。随着时间的推移，散文的概念由广义转向狭义，逐步形成一种独立的文学门类。散文的特点是"形散而神不散"，手法多样，追求意境和语言之美，按题材可分为叙事散文、抒情散文和哲理散文等。

说起古代散文，自然离不开"唐宋八大家"，是指唐代韩愈、柳宗元和宋代苏轼、苏洵、苏辙、欧阳修、王安石、曾巩八位散文名家。其中韩愈、柳宗元是唐代古文运动的领袖，欧阳修、三苏等四人是宋代古文运动的核心，王安石、曾巩是临川文学的代表。他们先后掀起的古文革新浪潮，使诗文的面貌焕然一新。

八大家中苏家父子三人，人称"三苏"，指父亲苏洵和苏轼、苏辙兄弟，又有"一门三学士"之誉，其中以苏轼成就最高。故可用"唐有韩柳，宋有欧阳、三苏和曾王"概括。

5. 赋

赋是我国古代的一种韵文体，讲求文采、韵律，兼具诗歌和散文的性质。赋最早出现于诸子散文中，叫"短赋"；以屈原为代表的"骚体"是诗向赋的过渡，叫"骚赋"；汉代正式确立了赋的体例，称为"辞赋"；魏晋以后，日益向骈体方向发展，叫做"骈赋"；唐代又由骈体转入律体，叫"律赋"；宋代以散文形式写赋，称为"文赋"。其中汉赋最具影响，司马相如、杨雄、班固、张衡被誉为"汉赋四大家"。

赋的句式错落有致并追求骈偶；语音上要求声律谐协；文辞上讲究藻饰和用典；内容上侧重于写景，借景抒情，类似于现在的散文诗。著名的赋有：杜牧的《阿房宫赋》、曹植的《洛神赋》、欧阳修的《秋声赋》、苏轼的《前赤壁赋》、庾信的《哀江南赋》、左思的《三都赋》等。

将赋的句式、韵律推向极致的是"骈体文"，也称骈文、骈俪文或骈偶文。因其常用四字、六字句，故也称为"四六文"或"骈四俪六"。全篇以双句为主，讲究对仗工整和声律顿挫。这种文体起源于汉末，形成并盛行于南北朝。骈文虽然华美，但由于过分迁就句式，堆砌辞藻，往往影响内容表达。

【知识链接】洛阳纸贵

西晋太康年间的文学家左思，齐国临淄（今山东淄博）人。他读过东汉班固的《两都赋》和张衡的《西京赋》后，认为仍不够完美，于是花费心血写成《三都赋》，把三国时魏都、蜀都、吴都都写入赋中。一经面世，西晋都城洛阳，富贵之家争相传抄，以至一时纸张供不应求，价格飙升。后用"洛阳纸贵"比喻文章或著作争相购买阅读，风靡一时。

三、古典小说：四大名著之外

"小说"一词最早见于《庄子》，原意是琐屑之言、浅识小道。提到古典小说，

73

大家首先想到的应该是《三国演义》《水浒传》《西游记》《红楼梦》这四大名著了。因为这四部书大家大都看过原著，并且通过影视作品甚至网游有了较多的了解，所以，这里介绍一下四大名著之外的古代小说，以开阔视野，另辟蹊径。

1.《山海经》

《山海经》是中国志怪古籍，成书年代和作者已不可考。宋人胡应麟认为是"战国好奇之士取《穆王传》，杂录《庄》《列》《离骚》《周书》《晋乘》以成者。"《史记·大宛传》："至《禹本纪》《山海经》所有怪物，余不敢言也。"这证明司马迁之前就已成书。经西汉刘向、刘歆编校，才成为传世书籍。

《山海经》现存18篇，包括《山经》5篇，《海经》13篇，内容包括神话、地理、民族、物产、药物、祭祀、巫医等。全书记载了约40个邦国，550座山，300条水道，100多位历史人物，400多个神怪鬼兽。

《山海经》具有非凡的文献价值，对中国古代历史、地理、文化、交通、民俗、神话等的研究，都有一定的参考价值。其中关于历史人物和神话、寓言的描述，如夸父逐日、女娲补天、后羿射日、精卫填海、大禹治水等，具有浓郁的文学色彩，也为后世文学特别是神话历史小说创作提供了丰富的素材。因此，《山海经》也被认为是中国最早的小说集。

2.《三言》《二拍》

《三言》《二拍》是明代编撰的两部白话短篇小说集。《三言》指冯梦龙所编的《喻世明言》《警世通言》和《醒世恒言》；而《二拍》指凌蒙初所编的《初刻拍案惊奇》和《二刻拍案惊奇》。《三言》《二拍》总计400多万字，收录故事200篇。后人从以上两书中选取最具代表性的71篇，冠名《三言二拍》。

《三言》每集40篇，共120篇。所收录的作品，无论是宋元旧篇，还是明代新作和冯梦龙拟作，都经过冯梦龙的增删和润饰。作品题材广泛，有对封建官僚丑恶的谴责和对正直官吏德行的赞扬，有对友谊、爱情的歌颂和对背信弃义、负心行为的斥责，有对市井百姓生活的描写。写法上，故事结构完整，语言通俗流畅，情节引人入胜。如《施润泽滩阙遇友》《蒋兴哥重会珍珠衫》《杜十娘怒沉百宝箱》《卖油郎独占花魁》等，每一章都通过一个故事，讲述一个道理。《三言》是我国第一部规模宏大的白话短篇小说集，也是由民间口头艺术转为作家案头文学的标志。

《二拍》每集40篇，共80篇，是作者根据野史笔记、文言小说和社会传闻创作的。其主题是"奉劝世人行好事，到头原是自周全"的劝谕思想，反映了追求财富和享乐的社会风气，也表现了渴望爱情和自由平等的思想。如《转运汉遇巧洞庭红》写商人泛海经商事，在之前的小说中非常罕见；而《李将军错认舅》则描写了忠贞不渝的爱情；《韩侍郎婢作夫人》讲述了因帮助别人而避开祸端的故事。《二拍》

善于组织情节，语言也较生动。

3.《聊斋志异》

《聊斋志异》简称《聊斋》，俗名《鬼狐传》，是清代蒲松龄创作的文言短篇小说集。"聊斋志异"的意思，是在书房里记录奇异的故事，共491篇。题材广泛，内容丰富，或揭露封建统治的黑暗，或抨击科举制度的腐朽，或反抗封建礼教的束缚，具有丰富深刻的思想内容。作品人物形象鲜明生动，故事情节曲折离奇，结构布局严谨巧妙，文笔简练，描写细腻，有极高的艺术成就，堪称文言短篇小说的巅峰之作。

全书中数量最多的是描写爱情的作品，表现了强烈的反封建礼教的精神，如《婴宁》《莲香》等；另一主题是抨击科举制度的腐败，如《叶生》《神女》等；另外有的揭露政治腐败，如《促织》《席方平》等；有的揭露压迫人民的暴行，如《梅女》《梦狼》等；有的揭露统治者的丑恶，如《考弊司》《公孙夏》等。除上述主题外，如《颜氏》表现了作者的民主思想，《画皮》等则是具有教育意义的寓言，《贾儿》塑造了一个同恶势力斗争的儿童形象，《口技》描写了民间技艺等。

蒲松龄的同乡王士禛为《聊斋志异》题诗："姑妄言之姑听之，豆棚瓜架雨如丝。料应厌作人间语，爱听秋坟鬼唱诗。"纪晓岚说："留仙之才，余诚莫逮其万一。"鲁迅评："《聊斋志异》……描写委曲，叙次井然，用传奇法，而以志怪。"郭沫若撰联："写鬼写妖高人一等，刺贪刺虐入骨三分。"老舍评价说："鬼狐有性格，笑骂成文章。"莫言曾说："我写的《红高粱》一书中，'我奶奶'这个形象的塑造其实就是因为看了《聊斋志异》才有了灵感。"

【知识链接】诺贝尔文学奖

诺贝尔，瑞典化学家、工程师、发明家、军工装备制造商和炸药的发明者。

在1895年他捐献3122万瑞典克朗设立基金，每年把利息作为奖金，授予"一年来对人类作出最大贡献的人"。瑞典政府于同年建立了"诺贝尔基金会"，把基金的年利息按五等分授予，文学奖就是其中之一。文学奖颁给在文学方面创作出具有理想倾向的最佳作品的人，由瑞典文学院颁发。2012年诺贝尔文学奖颁给了中国作家莫言，获奖理由是："通过幻觉现实主义将民间故事、历史与当代社会融合在一起。"莫言是第一个获得诺贝尔文学奖的中国籍作家。

【疑问小思】

1. 孔子对《诗经》有怎样的评价？
2. 当今流行的网络小说和古典小说有什么不同？

第四章　汉字与文学：文以化人

第三节　汉语：独特的语言魅力

汉字、汉语之所以历经数千年历久弥新，根本原因在于它具有其他语种所无法替代的独特魅力。比如表达同一个意思，汉语可以有几十甚至上百个词汇，这就确保了汉语的高度精准和深邃语境。另外，汉语还有一些千百年积累下来的特殊语言形式，如成语、谚语、歇后语、谜语、楹联等，这些几乎是其他语言所无法表达的，也正是这些成就了汉语之美。

一、成语

"众人皆说，成之于语，故成语。"成语多出自古代典籍或典故，如出自《论语》的成语就有200余条。关于成语的数量，没有准确的说法。商务印书馆出版的《汉语成语小词典》，收录约4000条，湖北大学编的《汉语成语大词典》收录约17000条，也有说3万甚至5万条的。

成语以四字为主，约占成语总量的96%。也有三字成语如：莫须有、闭门羹；五字成语如：欲速则不达、千里送鹅毛；六字成语如：杀鸡焉用牛刀、反其道而行之；七字成语如：醉翁之意不在酒、道不同不相为谋；八字成语如：皮之不存毛将焉附、巧妇难为无米之炊；八字以上成语如：冰冻三尺非一日之寒、只许州官放火不许百姓点灯。

成语具有以下特点：一是结构的固定性。即构成和形式是固定的，一般不能更变或增减。如"唇亡齿寒"不能改为"唇亡牙冷"。语序也相对固定，如"来龙去脉"不能改为"去脉来龙"。当然，也有少部分成语可以调整语序，如"天长日久"也可说成"日久天长"；二是含义的延伸性。成语的含义往往不是词素意义的相加，而是对原义的拓展或引申。如"兔死狗烹"原义是"兔子死了，猎狗被人烹食"，引申为"为别人卖力后，无用时被抛弃或杀掉"。"万紫千红"不专指紫色和红色，而是指各种绚丽的颜色；三是语法功能的多样性。成语在句子中往往相当于一个短语，而短语在句子中能充当不同的成分，如主、谓、宾、补、定、状，因而成语的语法功能具有多样性。

二、谚语

谚语是由民间创造、广泛流传、通俗易懂的口语化短句或韵语，多数反映了劳动人民的生活经验和智慧。和成语相比，谚语更加口语化，更通俗易懂，多出自民间而不是典籍或典故，形式上基本是用一两个短句，表达一个完整的意思。和成语一样，谚语可以表现汉语的民族性、鲜明性、生动性。

谚语所表现的内容非常宽泛，几乎包括生活生产的方方面面。气象方面的如：蚂蚁搬家蛇过道，大雨不久就来到；天上钩钩云，地下水淋淋。农业方面的如：枣芽发，种棉花；庄稼一枝花，全靠粪当家。卫生方面的如：冬吃萝卜夏吃姜，不用医生开药方；饭后百步走，活到九十九。处世方面的如：人不可貌相，海水不可斗量；良药苦口利于病，忠言逆耳利于行。学习方面的如：书到用时方恨少，事非经过不知难；刀不磨生锈，人不学落后。

三、谜语

谜语是暗射事物或文字等供人猜测的文字游戏。因过去常写在元宵节的花灯上，所以也称灯谜。谜语最早称为"隐"，始于战国时期。而"谜语"一词始见于南朝刘勰的《文心雕龙》："自魏代以来，颇非俳优，而君子嘲隐，化为谜语。"从古至今，从小到大，每个中国人都或多或少地猜过谜语。2008年谜语被列为国家级非物质文化遗产。

谜语由谜面、谜目和谜底三部分组成。谜面是灯谜的主要部分，是以隐语的形式对谜底特征的描述说明；谜目是给谜底限定范围，指出猜测的方向。如"打一字"，限定谜底只能是一个字，而不能是其他；谜底就是谜面的答案，一般是一个字、一个物或者一件事。按照制谜的方法，一类叫事物谜，就是通过描述事物的形状特征猜测谜底；另一类叫文义谜，就是根据谜面文字的含义猜测谜底。

谜语可含射的范围也很广，有猜物的如：麻屋子，红帐子，里面坐着个白胖子。（打一食品）谜底是花生；猜字的如：我请大家来猜谜，不要说话不要走，且在一旁，对着细想。（打一字）谜底是"粗"；猜地名的如：双喜临门。（打一城市名）谜底是重庆；猜人名的如：单刀赴会。（打《水浒》中一人物）谜底是关胜；猜成语的如：光腚坐在板凳上。（打一成语）谜底是有板有眼。

四、歇后语

歇后语是指说话时把一段常用词语故意少说一个字或半句而构成的带有幽默性的话语，也称俏皮话。最早出现"歇后"一词是在唐代，但它作为一种语言形式，却早在先秦时期就已出现。和谚语、谜语一样,歇后语也主要来自民间,用短小、风趣、形象的语言,表现人民群众的智慧和幽默。

歇后语包括两部分:前一部分起"引子"的作用,像谜面;后一部分起"后衬"的作用,像谜底,十分自然贴切。在实际运用中,通常说出前半截,"歇"去后半截,就可以领会和猜想出它的本意,所以就称为歇后语。

歇后语可以分成两种类型:一种是逻辑推理式的,后半部分是从前面的描述中推理出来的。如:水仙不开花——装蒜,哑巴吃黄连——有苦说不出,高射炮打蚊子——大材小用,猪八戒照镜子——里外不是人;另一种是在推理基础上加入了谐音。如:外甥打灯笼——照旧(舅),孔夫子搬家——净是输(书),秃子打伞——无法(发)无天,纳鞋底不用锥子——真(针)好。

五、楹联

楹联,因古时多悬挂于楼堂宅殿的楹柱而得名,又称对联、对子。它是一种对偶文学,常与书法结合而成为独特的文学艺术门类。楹联分上下两句,上下联要求"字句相等,词性一致,结构对应,节律对拍,平仄对立,语义相关",对其中的每个字的词性、平仄等都有严格的规定。2005年楹联被列为第一批国家级非物质文化遗产。

楹联源于桃符。桃符是古人挂在门上、写有降鬼神名字的桃木板。最早的楹联出自五代后蜀主孟昶:"新年纳余庆,嘉节号长春。"王安石"千门万户曈曈日,总把新桃换旧符"的诗句,说明宋代新年悬挂春联已相当普遍。

创作楹联的难点大都在平仄掌握和运用上。中国楹联学会《联律通则》规定:上下联对应字的平仄要相反。上联的尾字必须是仄声,下联的尾字必须是平声。现代汉语中以阴平、阳平为"平",上声、去声为"仄"。就是说,汉语拼音中的第一、二声为平声,第三、四声为仄声。因旧声、今声平仄有变化,现在创作楹联采用旧声、今声皆可,但在同一联中不能混用。

楹联按用途大致可分为:①春联。春节专用门联,如:天增岁月人增寿,春满乾坤福满门;②贺联。寿诞、婚嫁、乔迁、生子、开业等祝贺联,如:福如东海长流水,寿比南山不老松(寿联);③挽联。哀悼死者用,如:陇上犹留芳迹,堂前共仰遗容;④警示联。劝勉他人或警示自己,如:有关家国书常读,无益身心事莫为;⑤行业联。针对不同行业而作,如:虽乃毫发生意,却是顶上功夫(理发店)。

【知识链接】凌蒙初妙对

　　据说凌蒙初小时候天资颖慧，可家境贫寒，不能上学，常在学堂外偷听。

　　一天，先生教学生对对联，先生出上联：雪压竹竿头着地；凌蒙初在外面脱口而出：风吹荷叶背朝天。

　　先生十分高兴，又出上联：弟子数椽，一二三四五六七八九十；这时，恰巧一个算命先生路过，凌蒙初对道：先生算命，甲乙丙丁戊己庚辛壬癸。

　　先生又出：六和塔七层，四圆八方；凌蒙初对：一只手五指，三长两短。

　　先生又出：钟声鼓声磬声，声声自在；凌蒙初对：山色水色物色，色色皆空。

　　先生惊叹于他的才华，便让他进入学堂，免费听课，才使他有了后来的成就。

【疑问小思】

1. 你能默写出多少"一"字开头的成语？然后查词典对照一下。
2. 组织同宿舍或同组的同学，搞一次猜谜比赛或成语接龙游戏。

小　结

　　无论是中国还是其他任何一个国家和民族，其传统文化的源头都不外乎文字和语言，最具代表性的就是由文字和语言构成的文学。中国之所以被称为"四大文明古国"，并且延续五千年而经久不衰，汉字、汉语和文学可以说是最重要的代表和支撑。其他任何中国传统文化门类，都是通过这三个方面得以传承和发展的。作为华夏儿女、炎黄子孙，如果不能很好地继承这三点，传统文化就会成为无源之水、无本之木。

第五章
艺术与审美：意气风发

【图说】琴棋书画

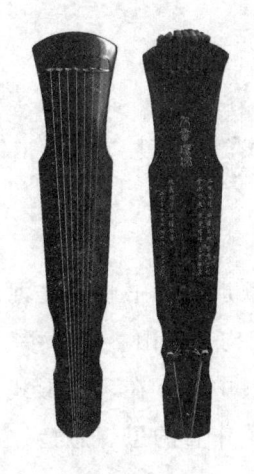

古琴

围棋

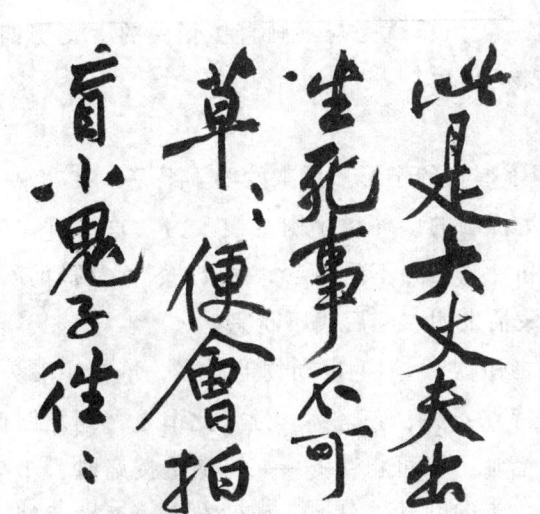

宋·黄庭坚《诸上座帖》局部

清·居廉《富贵白头》

琴棋书画本指琴瑟、围棋、书法、绘画四种古代艺术性文物或技艺，又称"文人四友"。它是古代文人墨客修身所必须掌握的技能，现在常常用以表现个人的文化素养。2008年北京奥运会开幕式融合了国画、四大发明、汉字、戏曲、礼乐等多种中国文化元素，向全世界展示了博大精深、源远流长的中华文化，让人叹为观止。

第一节　书法与绘画：笔墨丹青

我国素有书画同源之说，有人认为伏羲画卦、仓颉造字为书画之先河。最早的甲骨文大多是象形文字，即用线条勾勒出物体的基本结构，如山、水、手、足、牛、马等，既是字，又像画。中国书法和绘画在后期的发展中不仅在表现形式、笔墨运用上具有共通的规律性，而且在作品的创作上都融入了作者的思想感情。所以说字如其人、画如其人，故书画同源，源自人心。

一、独特的书画工具：笔墨纸砚

中国书画被称为民族艺术的奇葩，是因为这种艺术形式为中华民族所独有，也是中国传统文化大系中历史最悠久的一支。单就是与书画直接相关的"文房四宝"——笔、墨、纸、砚，就有着耐人寻味的魅力。

（一）笔

笔的本字是"聿"，在篆书中是用手握管的字形。后来发明了毛笔，在"聿"上面加上"竹"，表示毛笔的笔管大多是竹制的。简化字则直接改为"竹"下"毛"，更加形象生动。可见，最早的甲骨文和钟鼎文并不是用毛笔写成的，而是借助石材、骨针或金属器。据说毛笔是由秦代的蒙恬发明，经后代不断完善。

中国古人发明的毛笔"实是天地之伟器"。笔毛以动物毛居多，笔杆一般为竹、木、象牙等。一支好笔需要具备四个特点：尖、齐、圆、健，此谓之"笔之四德"。尖——锋颖尖锐，形如毛锥，写出的笔画可细可粗；齐——将笔毛按扁时，十分平齐，无参差状；圆——四周簇聚饱满，无凹凸状；健——劲健有力，弹性适度，便于表现节奏和张力。

毛笔的主要功能是文字记载和绘制图形。一直到民国初，随着西方的钢笔、圆珠笔、铅笔等进入中国，毛笔作为文字记载的基本功能才退化。现在，随着计算机的普及，毛笔已基本成为中国书画的专用工具。

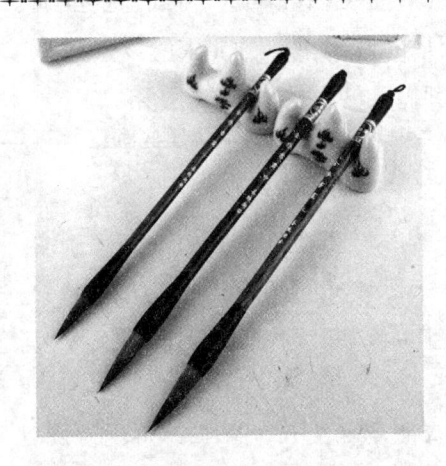

【知识链接】湖笔

湖笔又称"湖颖",被誉为"笔中之冠"。所谓"颖",就是指笔头尖端有一段整齐而透明的锋颖,业内人称之为"黑子"。"黑子"的深浅,就是锋颖的长短,这是用上等山羊毛经过浸、拔、并、梳、连、合等近百道工序精心制成的,白居易曾以"千万毛中拣一毫"和"毫虽轻,功甚重"来形容制笔技艺的精细和复杂,所以有"毛颖之技甲天下"之说。

(二)墨

早期的墨是用石墨、木炭等制作而成的。汉代人们用松烟、油烟为原料制成了松烟墨和油烟墨,前者用松木烧烟,墨色浓黑;后者用桐油烧烟,墨色光洁。两者皆以质地细腻、胶轻、味香、色泽浓墨泛紫光为上品。墨分五彩:干、湿、浓、淡、枯。善于用墨的书画家能描绘出不同色彩和层次的作品,能在黑白对比中,于无色中产生有色的感觉。唐朝将墨精称为"龙宾",后来"龙宾"便成了墨的代称。

【知识链接】李廷珪墨

五代造墨名匠奚廷珪,南唐赐姓李,遂称李廷珪。李廷珪所制的墨,"其坚如玉,其纹如犀"。李墨除了配料精良,在制作时还尤重捶打砸实,故其墨耐磨耐用,能裁纸。李墨受到南唐后主李煜的赏识,从此李墨名满天下,其墨被誉为"天下第一品",有"黄金易得,李墨难求"之说。因此,李廷珪成为古今墨家的宗师。

(三)纸

纸,又称"麦光",汉代之前的文字一般都刻在甲骨、竹简上,或者写在缣帛上。东汉蔡伦改进造纸技术,为书写和文献传播创造了便利条件。晋时的纸有南北之别,北纸用横帘造,故纸纹横;南纸用竖帘造,故纸纹竖。唐代用黄柏染纸,当时创造的"硬黄"纸极有光泽,可以避虫蛀。此外,还有麻纸、褚纸、蚕茧纸、帘纹纸、染黄纸等。陆机的《平复帖》是传世最早的麻纸书法。北宋时以宣州一带的纸最为有名,后来把专用于书画的纸统称为宣纸。

【知识链接】宣纸

宣纸是中国传统的古典书画用纸,是中国传统造纸工艺之一。由于宣纸有易于保存,经久不脆,不会褪色等特点,故有"纸寿千年"之誉。宣纸的原材料主要是青檀,配料是稻草等农产品。宣纸按纸张洇墨程度分为生宣、半熟宣和熟宣。

生宣吸水性和沁水性都强,易产生丰富的墨韵变化,在上面用泼墨法、积墨法,能收水晕墨、达到水走墨留的艺术效果。熟宣是加工时用明矾等涂过,纸质比生宣硬,吸水能力弱,使用时墨和色不会洇散,因此熟宣宜于绘工笔画而非水墨写意画。半熟宣也是从生宣加工而成的,吸水能力界乎前两者之间,"玉版宣"即属此类。

(四)砚

砚为"四宝"之首,这是由于它质地坚实、能传百代。早期砚附带石质的磨杵,直到两汉才出现陶砚,它的形状与我们今天所使用的砚形类似。砚的材料,唐朝以后多用端溪石和歙石。由于现在书画时已不需要研墨,砚的实用功能已基本丧失,主要用于收藏和观赏。

【知识链接】端砚

端砚以石质坚实、润滑、细腻而驰名于世,用端砚研墨细滑不滞,发墨快,书写流畅不损毫,且字迹颜色经久不变。端砚若佳,则无论酷暑严冬,用手按其砚心,砚心湛蓝墨绿,水气久久不干,故有"呵气研墨"之说。

二、书法艺术审美:以形写神、形神兼备

书法艺术的发展经历了发展、成熟和繁荣三个阶段。从殷商到西汉,为书法的发展时期,这时的字体先后有甲骨文、金文和篆书,它们都带有较重的象形意味。东汉到南北朝为书法的成熟期,先后出现了隶、草、楷、行四种不同的字体形态。隋唐至近代为书法艺术的繁荣期,书法艺术朝着书体多样化的方向发展,出现了不

同风格的流派。

1. 形式之美

中国书法史上的五种主要书体，包括篆书、隶书、草书、楷书、行书，无论哪种书体都包括三个基本要素：笔法、字法和章法。笔法讲究运笔中尽显线条的力度和质感；字法即结体，指点画安排与笔势布置中，讲究平衡、避就、顶戴等；章法讲究在布白、行气的运思中，使作品充满意趣和气韵。

> **【知识链接】苏轼《黄州寒食诗帖》**
>
> 《黄州寒食诗帖》是宋代著名书法家苏轼因乌台诗案贬谪到黄州时所书的五言诗作，它典型地代表了"宋人尚意"的时代特色。在通篇书写中，随着伤感情绪的激增，字体前小后大，笔姿从细到粗，墨色始淡终浓，节奏缓起渐快，将作者贬谪黄州后的抑郁失意之情和全部伤感、哀愁，泻于毫端。
>
> 宋·苏轼《黄州寒食诗帖》

2. 法度之美

法度，指法则、秩序、行为的准则，语出《尚书·大禹谟》："儆戒无虞，罔失法度。"书法的法度就是书法法则，包括基本笔法的起笔、行笔、收笔，也包括结字的法则，如穿插、避让、横画等距、竖画等距，等等。书法在笔法、结体、章法上充满了刚柔、轻重、浓淡、疏密等矛盾，而它就是在这矛盾中把握了尺度和法则，也就是笔法、结构和章法。笔法是写字的基本技法，主要是运笔的能力和技法；结构是指每个字的笔画、部首的呼应避让；章法是指整篇书法作品气息的连贯和统一。如张旭和怀素的草书，不管怎样狂放不羁、千变万化，终不失法度，这和孔子所说的"七十而从心所欲，不逾矩"有异曲同工之妙。

3. 人格之美

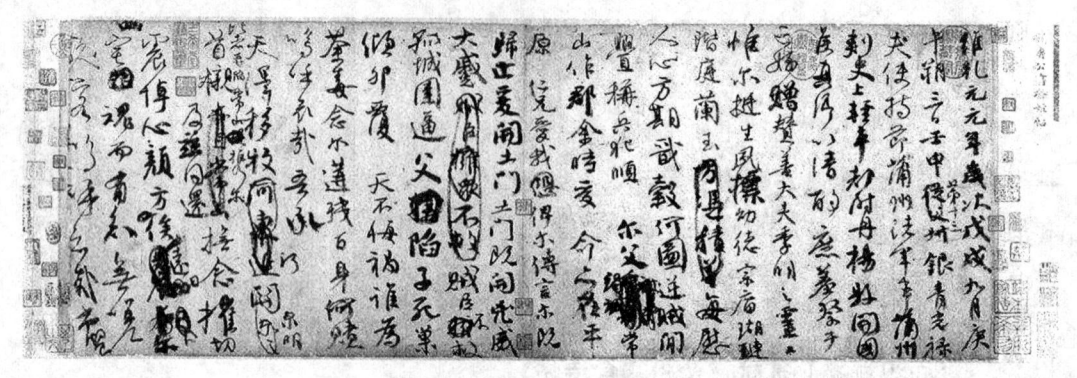

唐·颜真卿《祭侄文稿》

我们常说"字如其人""书为心画"。柳公权说:"心正则笔正。"傅山说:"作字先做人。"书写的过程,就是熔铸创作者人格的过程。李白赞王羲之:"右军本清真,潇洒出凡尘。"李嗣真也赞美他:"清风出袖,明月入怀。"既赞其书,更赞其人。如颜真卿的《祭侄文稿》,书法浑雄大气,一气呵成,记述了颜氏一门为国捐躯、精忠报国的悲壮情怀,书法作品与文章内容浑然一体,通过书法的风采,淋漓尽致地表现出作者的内心世界。颜真卿是唐代杰出的书法家,他的楷书一反初唐书风,行以篆籀之笔,化瘦硬为丰腴雄浑,结体宽博而气势恢宏,骨力遒劲而气概凛然,并与他高尚的人格相契合,是书法美与人格美完美结合的典例。

【知识链接】王羲之的《兰亭集序》

东晋·王羲之《兰亭集序》

《兰亭集序》文字灿烂,字字珠玑,是一篇脍炙人口的优美散文。通篇用笔遒媚飘逸,手法既平和又奇崛,大小参差,自然天成。其中,凡是相同的字,写法却各不相同,如"之""以""为"等字,各有变化。《兰亭集序》是王羲之书法艺术的代表作,被誉为"天下第一行书"。

三、国画意蕴：意存笔先、画尽意在

国画是我国传统的绘画，用毛笔、墨和中国画颜料在特制的宣纸或绢上作画，题材主要有人物、山水和花鸟，技法可分工笔和写意两种。中国画强调"外师造化，中得心源"，要求"意存笔先，画尽意在"，强调融化物我、创制意境，达到以形写神、形神兼备、气韵生动的效果。

（一）人物画

中国人物画的主要艺术造型是用线条表现，其特点是概括性，即用简练的笔墨表达出丰富的内容。人物画用线条表现轮廓结构、物体质感以及画家的个性和意识。人物画还侧重用空白来显示空间，运用笔墨的虚实来显示画面的层次。此外，画家的感情也可以通过画面的构图以及笔墨色彩的运用，或明朗或含蓄地表达出来。

【知识链接】步辇图

唐·阎立本《步辇图》

《步辇图》是唐代画家阎立本的作品。贞观十四年（公元640年），吐蕃王松赞干布仰慕大唐文明，派使者禄东赞到长安通聘。《步辇图》所绘是禄东赞朝见唐太宗时的场景。阎立本通过对人物神情举止、容貌服饰的刻画，展现出不同人物的身份和精神气质。

（二）山水画

山水画是以河流山川等自然景观为主要描写对象的画类。山水画的审美价值，主要体现在"三美"：意象美——用淡淡的笔墨，勾勒出宁静悠远的画面，表现出人与自然和谐统一的追求；空灵美——山水画的内容虽然是有限的山水，但其意韵却是无限深远，在画中不常见人物，即使有也只是点缀，体现出"天人合一"的朴素自然观以及闲适散漫的人生境界；诗意美——画中题跋是中国山水画独有的形式，丰富了山水画的意境，提高了画面的表现力，使得山水画具有山中有画、画中有诗的意境。

【知识链接】米友仁 《潇湘奇观图卷》

宋·米友仁《潇湘奇观图卷》

该图绘是米友仁十分熟悉的潇湘奇观景致，深得其"变态万层"之"真趣"。开卷便是浓云翻滚，隐现出远山坡脚，随着云气的飘动变幻，逐渐显露出山形，重叠起伏的峰峦影影绰绰地展现于团团白云中。中段山川始露出清晰真容，主山屹立，尖峰高耸，树丛映带，沙渚数重，富有高远和深远感。结尾处山色又渐趋淡远，唯近处林岸、草庐明晰。自首至尾，迷蒙、清明以及远近、浓淡，几度变幻，奥妙莫测。

（三）花鸟画

花鸟画的表现对象是飞禽走兽、虫鱼和花卉，强调色彩的对比，注重色彩的和谐。作为一门走向成熟的艺术形式，早期的花鸟画强调尽可能真实地再现客观事物。唐、五代之前的画家重视写实，当时的花鸟画以工细写实为特征。因此，早期的花鸟画用色重于用墨，所以绘画又称为"丹青"。水墨画兴起之后，墨色在画面上占据了重要位置，此时花鸟画则实现了色墨的巧妙结合。

【知识链接】王冕《南枝春早图》

这幅画在枝干交错中,繁花簇簇点缀其间,疏密有序,聚散得当。茂密处虽花枝满目却不显塞滞,疏朗处气息通畅又能给人以水天无尽的遐思,更衬托出梅花的清雅高逸。

元·王冕《南枝春早图》

【疑问小思】

1. 中国书法有哪几种主要书体?为什么人们常说"字如其人"?
2. 你最喜欢哪种题材的绘画?请选择一幅作品进行赏析。

第二节 音乐与戏曲：清逸典雅

中国素有"礼乐之邦"的美誉。孔子"删诗书，定礼乐"，他不仅爱好音乐，学习音乐，而且注重音乐教育，在他所教授的六艺——礼、乐、射、御、书、数中，音乐名列第二。孔子说："兴于诗，立于礼，成于乐"，可见他对音乐的重视。中国的音乐和戏曲都强调直觉，重视体验，追求雅正庄重又不失灵动优美的"典雅"境界。

一、元素多样的音乐宝库

我国有迹可考的音乐文化历史至少有5000年的发展历程。在漫长的发展进程中，我们的先人以其非凡的智慧和灵性创造了极其丰富的音乐艺术作品。

1. 宫廷音乐

宫廷音乐是指在宫廷内为宫廷统治者演奏的音乐，西周的雅乐、唐朝的燕乐是宫廷音乐发展的两座高峰。雅乐包括六代之乐、房中乐和诗乐。六代之乐是集诗、歌、舞、乐而成的规模宏大的典礼音乐，其主要内容是祭祀天地山川。房中乐是宫廷内部所演唱的歌曲，只用琴瑟伴奏，由后妃歌唱从民间采来的诗篇，以侍奉君王。诗乐是由专人到各地采集民间歌谣，经加工修饰后作为与典礼配合的诗篇，用"雅""颂"声调歌唱。隋唐燕乐继承了乐府音乐的成就，是汉族俗乐与境内其他民族以及外来俗乐相融合而成的宫廷新音乐。燕乐中包括多种音乐形式，如声乐、器乐、舞蹈、百戏等。燕乐所使用的主要乐器有琵琶、箜篌、筚篥、笙、笛、羯鼓、方响等，主要由乐舞伎人表演。安史之乱以后，宫廷音乐衰退。

> 【知识链接】《霓裳羽衣曲》
>
> 唐玄宗创作的《霓裳羽衣曲》是最有名的唐燕乐，全曲分为36段。描写了唐玄宗向往神仙而去月宫见到仙女的神话，舞、乐、服饰都着力描绘虚无缥缈的仙境和舞姿婆娑的仙女形象，给人以身临其境的艺术感受。白居易称赞此舞的精美道："千歌万舞不可数，就中最爱霓裳舞。"

2. 文人音乐

文人音乐是具有一定文化修养的知识阶层创作的流行音乐作品，所表现的是古代知识阶层在不同时代所特有的精神气质和审美情趣，其特点是文学和音乐的高度结合。著名的作品有《阳关三叠》《满江红》等。

3. 民间音乐

民间音乐是由民间百姓集体创作的、真实反映他们生活情景、表达感情愿望的音乐作品。我国古代的民间音乐以器乐艺术作品为主，比较有名的器乐艺术作品有《高山流水》《广陵散》《胡笳十八拍》《十面埋伏》等。除器乐之外，民间音乐还有民间歌曲、歌舞音乐、说唱音乐、戏曲音乐等。此外，我国的说唱艺术十分丰富，现存曲种200多个，比如河北的京韵大鼓、苏州弹词、山东琴书、安徽凤阳花鼓、山东快书等。

二、传统乐器：吹拉弹打

中国古代乐器先产生打击乐、吹奏乐，而后产生弹弦乐和拉弦乐，按照其发展顺序，分为打、吹、弹、拉四类。

1. 打击乐器

鼓，在远古时期被尊奉为通天的神器，用于祭祀、攻击敌人和驱除猛兽，并且是报时、报警的工具。周代有八音，鼓是群音的首领。从原始的陶鼓、土鼓、皮鼓、铜鼓，一直发展到种类繁多的现代鼓，鼓是最为人们喜爱和广泛应用的乐器之一。

编钟，最早出现在商代，当时多为三枚或五枚一组，能演奏旋律。至春秋中晚期，一组编钟的数量增为九枚一组或十三枚一组，并在形制上有了很大改变。

2. 吹奏乐器

笙，古称卢沙，是中国古老的簧管乐器，也是古代八音乐器之一，距今已有三千多年的历史。笙是吹管乐器中唯一的和声乐器，也是唯一能吹吸发声的乐器，其音色清晰透亮，音域宽广，感染力强。

> **【知识链接】乐器八音**
> 西周时已将当时的乐器按制作材料，分为金（钟、镈、铙）、石（磬）、丝（琴、瑟）、竹（箫、篪）、匏（笙、竽）、土（埙、缶）、革（鼗、雷鼓）、木（柷、敔）八类，称为"八音"。

埙，相传是起源于一种叫作"石流星"的狩猎工具。古时候人们常用绳子系上一个石球或者泥球，投出去击打鸟兽。有的球体中间是空的，抡起来一兜风能发出声音，后来这种"石流星"就慢慢演变成了埙。最初埙大多是用石头和骨头制成，后来发展成为陶制，以梨形最为普遍。

笛，是一种管乐器，特点是无簧片。竹笛由一根竹管做成，里面去节中空成内腔，外呈圆柱形，在管身上开有1个吹孔、1个膜孔、6个音孔、2个基音孔和2个助音孔。笛子之所以能发音，就是通过吹孔把气灌进笛管内，使笛膜和竹管内的竹簧产生振动。

箫，分为洞箫和琴箫，皆为单管、竖吹，是一种非常古老的中国古代吹奏乐器。箫的音色圆润轻柔，幽静典雅，适于独奏和重奏。箫一般由竹子制成，吹孔在上端，按音孔数量区分为六孔箫和八孔箫。六孔箫的按音孔为前五后一，八孔箫则为前七后一。在出土文物中，考古学家发现了距今七千多年的骨质发声器，称之为"骨哨"。它被认为是箫的前身。

3. 弹弦乐器

琴，又称瑶琴、玉琴，俗称古琴，是一种七弦无品的拨弦乐器。《诗经》中有"窈窕淑女，琴瑟友之""我有嘉宾，鼓瑟吹笙"的记载，可见，三千年前琴已经流行。琴居"文人四友"之首，是为宾客演奏用的高级乐器。宾客在聆听琴曲时，必须正襟危坐，以体现文化素质和修养。

琵琶，古代是圆形，不同于现代的梨形。古时琵琶的弹奏是横抱，用拨子弹奏，弹奏的方式自由无拘束。后来琵琶分多个派别，弹奏方式也变为直抱、以戴上假指甲的手指弹奏。

4. 拉弦乐器

二胡，又名胡琴，始于唐朝，称奚琴，至今已有一千多年的历史，后与西方、北方民族的"胡人"乐器相结合，遂称"胡琴"。二胡形制为琴筒木制，筒一端蒙以蟒皮，另一端镶嵌着一个音窗，张两根金属弦。二胡由九部分组成：琴筒、琴杆、琴皮、弦轴、琴弦、弓杆、千斤、琴码和弓毛。二胡既适宜表现深沉、悲凄的内容，也能演奏出气势壮阔的意境。《二泉映月》《江河水》《三门峡畅想曲》等是代表性曲目。

三、戏曲

中国戏曲起源很早，在上古原始社会的歌舞中就已初现萌芽。戏曲主要由民间歌舞、说唱和滑稽戏三种形式综合而成，在长期的历史发展中，形成了形式多样、风格迥异的戏曲大观园。

1. 古典四大名剧

中国戏曲与古希腊悲喜剧、印度梵剧并称为世界三大古剧。戏曲从北宋中叶正式形成，经历了宋元南戏、元代杂剧、明清传奇、清中后期的花部等发展阶段。在八百多年的发展过程中，涌现了一大批戏曲名著，其中以《西厢记》《牡丹亭》《长生殿》《桃花扇》四剧居首。

《西厢记》提出了"愿天下有情人终成眷属"的理想，热情歌颂了莺莺与张生的爱情，反映了封建社会中青年男女要求婚姻自主、冲破封建礼教束缚的人文主义思想；《牡丹亭》则进一步把男女爱情同个性解放联系起来，通过描写杜丽娘为争取理想爱情所作的不屈斗争，深刻揭露了封建礼教对人们思想的束缚，并且最终以"情"战胜"理"为结局，真实地反映了明代中叶资本主义萌芽产生后，市民阶层的要求；《长生殿》通过李隆基与杨玉环的"钗盒情缘"，总结了封建王朝的兴衰原因，以"垂戒来世"；《桃花扇》以李香君与侯方域的悲欢离合为线索，展现了南明王朝的兴衰历程，寄寓了深沉的反思。

四大名剧以其较高的艺术成就成为古代戏曲名著代表作，这四部剧作在塑造人物形象时，通过心理刻画、细节描写、个性化语言、相互映衬等手法，使剧中的人物形象个个栩栩如生，个性鲜明。

2. 戏剧国粹：京剧

京剧的前身是徽剧。清乾隆五十五年（1790年）起，原在南方演出的三庆、四喜、春台、和春四大徽班陆续进京，与来自湖北的汉调艺人合作，同时接受了昆曲、秦腔的部分表演方法，通过不断的交流与融合，最终形成京剧。京剧形成后，在清朝宫廷内开始快速发展，直至民国得到空前的繁荣。

京剧舞台艺术在文学、表演、音乐、唱腔、锣鼓、化妆、脸谱等方面，通过无数艺人的长期实践，构成了一套互相制约、相得益彰的格律化和规范化的程式。京剧在形成之初便进入宫廷，这既使它的发育成长不同于地方剧种，又要求它所要表现的生活领域更宽，塑造的人物类型更多，同时，对它技艺的全面性、完整性也要求得更严。相比地方剧种，京剧的民间乡土气息减弱，纯朴、粗犷的风格特色相对淡薄。

京剧的表演艺术更趋于虚实结合的表现手法，最大限度地超脱了舞台空间和时间的限制，以达到"以形传神，形神兼备"的艺术境界。舞台表演要求精致细腻，处处入戏；唱腔要求悠扬委婉，声情并茂；武戏则不以火爆勇猛取胜，而以"武戏文唱"见佳。

清中叶以后，地方戏开始兴盛起来。地方戏是昆曲之外许多剧种的统称。据统计，我国的地方剧种在三百种以上。其中，京剧、越剧、黄梅戏、评剧和豫剧被称为"中国五大戏曲剧种"。受地域和方言的影响，地方戏曲的韵味风格各不相同，也正是不同种类、不同风格的地方戏曲共同构建了我国百花齐放的戏曲大观园。

【知识链接】京剧四大名旦

被誉为中国京剧"四大名旦"的是梅兰芳、程砚秋、尚小云、荀慧生。他们分别是我国京剧旦角行当中四大艺术流派的创始人。他们的优秀艺术，给人留下了不可磨灭的印象。梅兰芳是"四大名旦"之首，其表演被推为"世界三大表演体系"之一。梅兰芳代表剧目有《霸王别姬》《贵妃醉酒》《凤还巢》《穆桂英挂帅》等。

梅兰芳

3. 戏曲元素

（1）角色：生、旦、净、丑。生——京剧中不勾脸的男性角色都算生角，分为老生、小生、武生三种；旦——京剧中的女角都称"旦"，分为老旦、正旦（青衣）、花旦、泼辣旦、花衫、武旦、刀马旦七种；净——京剧中凡是勾花脸的角色都称为"净"，分为正净、副净、武净三种；丑——男性扮演的称为"丑"，女性扮演的称为"彩旦"，分为文丑、方巾丑、武丑、彩旦、丑婆子五种。

（2）基本功：唱、念、做、打。"唱"指歌唱；"念"指具有音乐性的念白；"做"指舞蹈化的形体动作；"打"指武打和翻跌的技艺。

（3）脸谱。脸谱是中国戏曲艺术的重要特征之一，戏曲中可以通过脸谱直接评价人物的善恶、褒贬。一般来说，生、旦的化妆略施脂粉，其特征是"千人一面"，人物个性主要靠表演及服装来表现。净、丑的勾脸是因人设谱，一人一谱，不相雷同。因此，脸谱化妆的特征是千变万化的。戏剧脸谱讲究色彩，不同含义的色彩绘制在不同图案轮廓里，人物就被性格化了。

【知识链接】脸谱的含义

红色：忠勇侠义，多为正面角色。
黑色：直爽刚毅，勇猛而智慧。
白色：阴险奸诈，刚愎自用。
紫色：刚正威武，不媚权贵。
黄色：勇猛而暴躁。
金色：神仙高人。
银色：神仙，妖怪。
绿色：勇猛，莽撞。

川剧变脸是川剧表演的特技之一，用来揭示剧中人物内心及思想感情的变化，即把不可见、不可感的抽象情绪和心理状态变成可见、可感的具体形象——脸谱。变脸的手法大体上分为三种："抹脸""吹脸""扯脸"。

孔子主张"兴于诗、立于礼、成于乐"，好的音乐既能教化人心，又能起到"移风易俗"的作用。中国戏曲基于"舞台小社会，社会大舞台"的特点，透出了中国人戏里戏外的价值观念。所以，中国音乐和戏曲呈现出了既俗又雅、既驳杂又统一的复杂面貌，是中华民族文化中的一颗璀璨明珠。

【疑问小思】
1. 琴音"九德"指什么？
2. 为什么古人会用"观戏如读书"来评价戏曲的教育功能？

第三节　建筑与园林：巧夺天工

中国古代建筑以独特的结构、优美的艺术造型、丰富的艺术装饰闻名于世。尤其是浪漫精巧的园林，不仅是人化的自然，也是诗化的自然，一砖一瓦皆浓缩了历史，一草一池皆包含着匠心。古代建筑就像是土木书写的立体历史，一笔一画透露着古代建筑的辉煌。

一、民居建筑：四合院

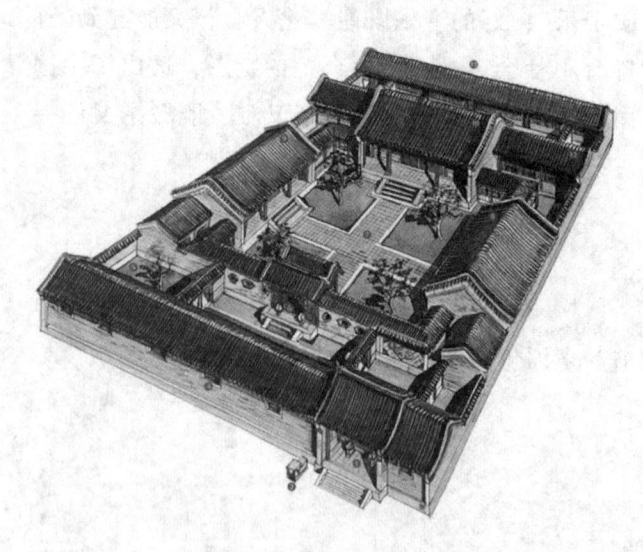

北京四合院

汉族地区传统民宅为四合院建筑，主体建筑的方向多为坐北朝南，四合院的大门一般开在东南角或西北角，院中的北房是正房，正房建在砖石砌成的台基上，比其他房屋的规模大，是院主人的住室。院子的两边建有东西厢房，是晚辈们居住的地方。在正房和厢房之间建有走廊，可以供人行走和休息。四合院的围墙和临街的房屋一般不对外开窗，院中的环境封闭而幽静。北京四合院是中国北方四合式民居建筑的代表。

四合院的装修、雕饰、彩绘处处体现着民俗民风和传统文化，表现出人们对幸福、美好、富裕、吉祥的追求，如蝙蝠、寿字组成的图案，寓意"福寿双全"；花瓶内安插月季花的图案寓意"四季平安"；而嵌于门簪、门头上的吉辞祥语，附在抱柱上的楹联，以及悬挂在室内的书画佳作，更是集贤哲之古训，采古今之名句，风雅备至，充满浓郁的文化气息。

二、宫殿建筑：故宫

北京故宫

宫殿建筑又称宫廷建筑，是古代帝王建造的规模巨大、气势雄伟的建筑群。中国宫殿建筑的典型特征是斗拱硕大，金碧辉煌。为了体现皇权的至高无上和以皇权为核心的等级观念，布局均采取严格的中轴对称式。宫殿的左前方一般设祖庙，以供祭拜祖先；右前方设社稷坛，供祭祀土地神和谷物神，即"左祖右社"。自秦朝开始，按"前朝后寝"把宫殿分为两部分，"前朝"即"殿"，是处理政务之所，"后寝"即"宫"，是皇帝和后妃们居住的地方。中国古代宫殿建筑群以北京故宫最为典范。

故宫，也称"紫禁城"，这里曾居住过24个皇帝，是明清两代的皇宫。一条中轴既贯通整个故宫，又在北京城的中轴线上，三大殿、后三宫、御花园也都位于这条中轴线上。在中轴宫殿两旁，还对称分布着许多殿宇。外朝以太和、中和、保和三大殿为中心，文华、武英殿为两翼。内廷以乾清宫、交泰殿、坤宁宫为中心，东西六宫为两翼，布局严谨有序。故宫的四个城角都有精巧玲珑的角楼。宫城周围环绕着高10米、长3400米的宫墙，墙外有52米宽的护城河。

【知识链接】世界五大宫
北京故宫、法国凡尔赛宫、英国白金汉宫、美国白宫、俄罗斯克里姆林宫。

三、园林建筑：颐和园与苏州园林

中国园林建筑包括宏大的皇家园林和精巧的私家园林，这些建筑将山水地形、花草树木、庭院、廊桥及楹联匾额等精巧布设，使得山石流水处处生情，意境无穷。北京颐和园堪称皇家园林的典范之作，私家园林则以苏州园林最盛。

1. 颐和园

颐和园·豳风桥

颐和园大致可分为行政、生活、游览三个部分。以仁寿殿为中心的行政区，是当年慈禧太后和光绪皇帝坐朝听政、会见外宾的地方。仁寿殿后是三座大型四合院：乐寿堂、玉澜堂和宜芸馆，分别为慈禧、光绪和后妃们居住的地方。宜芸馆东侧的德和园大戏楼是清代三大戏楼之一。与故宫一样，颐和园的布局也是严谨的中轴对称式布局，自万寿山顶的智慧海向下，由佛香阁、德辉殿、排云殿、排云门、云辉玉宇坊构成了一条层次分明的中轴线。颐和园艺术构思巧妙，在中外园林艺术史上地位显著，是举世罕见的园林艺术杰作。

2. 苏州园林

"江南园林甲天下，苏州园林甲江南"。苏州园林采用缩景的手法，以小中见大的艺术效果，为苏州赢得"园林之城"的美誉。苏州园林充分体现了"自然美"的主旨，因地制宜，采用借景、对景、分景、隔景等手法来组织空间，把有限空间巧妙地组成变幻多端的景致，结构小巧玲珑，体现了园林中曲折多变、小中见大、虚实相间的景观艺术效果，形成充满诗情画意的文人写意山水园林。苏州园林被誉为"咫尺之内再造乾坤"，是中华园林文化的翘楚和骄傲，是中国园林的杰出代表。苏州园林主要有沧浪亭、狮子林、拙政园、留园、网师园、怡园等。

拙政园一角

四、宗教建筑：布达拉宫

中国的宗教建筑包括佛教、道教、基督教、伊斯兰教建筑，风格各异。佛教的布达拉宫，始建于8世纪松赞干布时期。17世纪五世达赖喇嘛时期重建后，成为历代达赖喇嘛住息地和政教合一的中心。主体建筑分白宫和红宫，主楼十三层，高

布达拉宫

115.7米,由寝宫、佛殿、灵塔殿、僧舍等组成。白宫横贯两翼,有各种殿堂长廊,摆设精美,布置华丽,墙上绘有与佛教有关的绘画。红宫居中,供奉佛像、松赞干布像、文成公主等像数千尊,以及历代达赖喇嘛灵塔,黄金珍宝嵌间,配以彩色壁画,金碧辉煌。整个建筑群占地10余万平方米,房屋数千间,布局严谨,错落有致,体现了西藏建筑的高超技艺。

五、陵墓建筑:明十三陵

陵墓建筑是为安葬并祭祀死者而建的建筑群,通常由地下和地上两部分建筑物组成,地下部分主要用来安葬死者及其遗物、殉葬品等,地上部分则是亲人寄托哀思、举行祭祀和安放死者神主之用。

明十三陵是明代十三位皇帝在北京建筑的庞大陵区,代表了封建帝陵的最高成就。十三陵地处东、西、北三面环山的小盆地之中,陵前有小河曲折蜿蜒。十三座皇陵均依山而筑,分别建在东、西、北三面的山麓上,形成了体系完整、规模宏大、气势磅礴的陵寝建筑群。

中国建筑特色和风格,首先是采用木构架体系,形成稳定的主体结构,即所谓的"墙倒屋不塌",极大地延长了土木建筑的使用寿命。其次是院落式布局。数个单体建筑通过严谨对称的中轴线,组合成为一组建筑群体。再次是因借自然,模仿自然。在注重实用功能的同时,使居住环境与自然协调一致,重视意境,相得益彰。最后是遵循阴阳、五行、八卦的原理,以大为威,以中为尊,无论在建筑方位的选择上,还是数字的选用上,都体现古老的哲学思维。

【疑问小思】

1. 民间对于中国古代建筑为什么会有"墙倒屋不塌"之说?
2. 古代建筑的一般分布规律是什么?

第四节　器物与雕塑：匠心独具

器物与雕塑是历史的凝聚。中国器物与雕塑文化博大精深，不仅品种丰富，造型各异，而且纹饰精美，寓意深奥，是中国古代人民劳动与智慧的结晶。

一、玉石：清澈、高贵

人们制作、使用石制工具时发现了玉这种矿物。它比一般石头更为坚硬，又有与众不同的色泽和光彩，晶莹通透，惹人喜爱，于是用来做装饰品，所以说最初是以"美石为玉"。之后，一部分"美石"从"石"中独立出来，称为"玉"。

中国是世界上主要的产玉国，素有"玉石之国"的美称。中国有《东坡肉形石》《岁月》《鸡雏出壳》《中华神鹰》《中国版图》《人之初》《血胆金莲》《族魂》《巾帼英雄》《雪猿》十大名石。最著名的产玉地是新疆和田，和田玉蕴量丰富，色泽鲜艳，品质最优。古代的丝绸之路最早就是玉石之路。

古语说"玉不琢，不成器"，玉的文化通常在雕琢中得以体现。玉器一直是王公贵族的专有装饰用品，两宋时玩玉赏玉之风大盛，明清时玉器的制作及玩赏达到顶峰，品种也更为丰富。王公贵族家还常用玉石来制作日常用具，如玉碗、玉杯、玉壶等。玉文化包含着伟大的民族精神，有"宁为玉碎"的爱国民族气节、"化为玉帛"的团结友爱风尚、"润泽以温"的无私奉献品德、"瑕不掩瑜"的清正廉洁气魄、"锐廉不挠"的开拓进取精神。

> 【知识链接】玉之"十一德"
> 《礼记·聘义》记载，孔子论及"君子比德如玉"。孔子把玉的物理性质同道德相联系，提出了"仁、智、义、礼、乐、忠、信、天、地、德、道"十一种玉的德性。

元·青花《萧何月下追韩信》梅瓶

二、陶瓷：素雅、沉静

瓷器是中国的象征，中国的英文名称"china"就是瓷器的意思。从我国陶瓷发展史来看，一般是分为陶和瓷两大类。胎体没有致密烧结的黏土和瓷石制品，统称为陶器。而经高温烧成、胎体烧结程度较为致密、釉色品质优良的黏土或瓷石制品称为瓷。

中国传统陶瓷装饰形式，大体上有刻镂、堆贴、模印、釉色、化妆土、彩绘六大类型。新石器时代的仰韶文化中陶器上就已出现案纹样装饰。在西安半坡遗址出土的人面鱼纹彩陶盆是新石器时代的精品。商、周时代的陶瓷纹饰和青铜器饰相似，刻纹白陶的烧制成功是制陶工艺上一座重要的里程碑。隋唐时期的三彩也是陶器中的瑰宝。

【知识链接】唐三彩

唐三彩是一种低温铅釉陶器，在色釉中加入不同的金属氧化物，经过焙烧，便形成浅黄、赭黄、浅绿、深绿、天蓝、褐红、茄紫等多种色彩，但以黄、赭、绿三色为主。

隋代烧成了白瓷，改变了青瓷一统天下的局面。有"诸窑之冠"美称的越窑，在唐代达到了中国青瓷艺术的高峰境界。宋、元时期的瓷器在工艺技术上达到更高的水平。钧、汝、官、哥、定五大窑所取得的卓越成就，使中国在制瓷业上登峰造极。

【知识链接】青花瓷

青花瓷又称白地青花瓷，是中国瓷器的主流品种之一，属釉下彩瓷。青花瓷是用含氧化钴的钴矿为原料，在陶瓷坯体上描绘纹饰，再罩上一层透明釉，经高温一次烧成。成熟的青花瓷出现在元代景德镇的湖田窑。元青花"萧何月下追韩信梅瓶"在 2011 年澳门中信秋季拍卖会上以 685440000 元人民币成交。

三、青铜：神秘、威严

中国的青铜文化起源于黄河流域，一般将夏、商、西周至春秋时期称为青铜时代。青铜是铜与锡或铅的合金，而铅、锡的含量极少，质地坚硬，耐磨性好，韧性高，并有持久的金属光泽。青铜器的发明是人类进化史上的一大奇迹。

【知识链接】后母戊方鼎

后母戊方鼎又叫司母戊大方鼎，是已发现商代最大的青铜器。器厚立耳，折沿，腹部呈长方形，下承四柱足。这证明商代的青铜铸造不仅规模宏大，而且组织严密，分工细致。

后母戊方鼎（河南安阳出土）

青铜器可分成生产工具、兵器和生活用具三大类。生产工具有农业生产工具和手工业生产工具两类。青铜生活用具到了西周演变成体现当时社会等级的"礼器"。周公"制礼作乐"以后，规定了一整套等级森严的礼仪制度，这种制度渗透到当时社会的各个角落，本来日用的青铜食器、水器、乐器等，此时又成了"礼器"，用于祭祀天地先祖。编钟便是青铜乐器中的一种。许多青铜器都模仿各种动物进行造型，栩栩如生，生动有趣。这一时期的青铜器装饰最为精美，文饰种类也较多。

四、雕塑：气韵生动

中国古代雕塑在题材内容、形式风格、雕塑技法以及材质上都具有鲜明浓郁的民族特色和时代特色，如秦汉雕塑的粗浑、雄大，魏晋雕塑的健朗、潇洒，唐宋雕塑的丰富、端丽等。

古代雕塑题材主要是陵墓雕塑、宗教雕塑和民俗雕塑。雕刻材料丰富多彩，除了青铜石砖泥陶之外，还有玉雕、牙雕、木雕、竹雕等，所涉及的艺术门类有圆雕、浮雕、纪念性雕塑、案头雕塑、建筑及器物装饰雕塑等。

中国原始雕塑，大体分为人像雕塑和动物雕塑两大类。商周时期的雕塑作品以青铜器铸造为主，青铜礼器造型奇特，充满威严而神秘、崇高而怪异的美感。这一时期除了礼器外,还有一些器物支架、底座等实用青铜器和石、骨、玉雕刻作品,或人物,或动物,造型巧妙,制作精细。

秦汉时期的雕塑空前繁盛,最具典型意义的是秦始皇陵兵马俑雕塑群。人物与战马都与真实的一样大小,体形巨大,数量众多,形象真实,产生了震撼人心的艺术魅力。西汉名将霍去病墓前的大型动物石刻,手法简练概括,浑厚中显示雄强之美。其中,《马踏匈奴》是中国雕塑艺术写意传神的代表作。

汉代的厚葬风使动物俑和人物俑的雕塑作品增多,因其造型古朴、神态夸张而强调动势。汉代世俗生活成为雕塑的素材,舂米、采芋、酿酒以及舞乐百戏等情景在汉代的砖画像中以浮雕的形式大量存在,宴饮、驱车、习射等士大夫的生活也得到了表现。

随着佛教的盛行,佛教雕塑成为魏晋南北朝时期雕塑艺术的主流,著名的云冈、敦煌、龙门、麦积山四大石窟均开凿于这个时代,造像庄严、浑朴,静穆中显示着佛的伟力。

秦始皇陵兵马俑(陕西西安出土)

隋唐时期是中国古代雕塑的鼎盛期,其成就首先表现在石窟雕塑上,如龙门石窟奉先寺石刻造像。雕刻手法流畅娴熟,创造了民族化的造型风格。

"昭陵六骏"是唐太宗陵墓前的浮雕,没有失实的夸张、虚化诡异的造型,体现了中国古代雕塑的现实手法。此外最能代表雕塑艺术水平的还有三彩俑和四川大足石窟。

世俗题材的增多和写实风格的发展是辽宋金时期雕塑艺术的主要特点,山西晋祠、山东长清灵岩寺等地彩塑,都生动传神地表现了世人情态,有很强的现实性。

【疑问小思】

1. 历史典故"完璧归赵"中的宝物是什么?
2. 谈一谈中国英文名称"china"的来历。

小　结

　　在世界艺术的长河中，中国古典艺术独树一帜，瑰丽多姿。它以丰富的样式题材、变化多端的表现手法，描摹中国社会的人文情态，反映中国人的志趣追求，展示中国文化的精神内涵。因而，学习、了解和把握艺术文化传统，不仅让我们感性地了解中国传统文化，也有助于我们坚守自己的精神家园，不断增强自身的艺术修养和审美能力。

第六章

农耕与水利：民之生计

【图说】北粟南稻话农耕

粟　　　　　　　　　　　稻

　　粟和稻是中国史前农耕文化的主要谷物品种，而农业的发明就起始于黄河流域的粟和长江流域的稻。秦岭、淮河以北，以黄河流域为中心的北方地区，主要谷物品种是粟。仰韶文化诸氏族部落是种植粟类谷物的发明者和推广者。秦岭、淮河以南，以长江中下游为中心的南方地区，主要谷物品种是稻。长江下游以良渚文化遗址中出土稻的遗物最多，长江中游以屈家岭文化遗址中出土稻的遗物最多，这些发现都表明稻的种植起源于长江流域。

　　粟和稻的种植奠定了中国古代农业发展的基础，而农业是中国古代文明产生的经济基础。孔子说："禹稷躬耕而有天下""尽力乎沟洫"，可见我国很早就重视农业。伴随着农业工具的改进，农业种类的增多，农田水利的发展，农耕文明获得了很大的进步。

第一节 文明的开启：农耕文明

炎帝被尊为中华民族的人文始祖之一，在他诸多的事迹中，最为人们称道和熟悉的就是制耒耜、种五谷。特别是耒耜的发明，标志着中华文明从渔猎时代向农耕时代的过渡，开启了中华农耕文明的先河。所以炎帝又被尊为"神农氏"。

一、炎帝造耜：农耕文明的开端

1. 原始荒原中的文明之路

在追溯远古文明的历史时，我们发现原始人最初创造了各类石器或骨器，接着原始人发现了火，学会了人工取火，从而揭开了农耕文明的新纪元。

钻木取火的发明来源于中国古代的神话传说。传说在一万年前，生活在古昆仑山上的一个族群，族中的智者一日看到有鸟啄燧木时产生火苗，受此启发发明了钻木取火，这个族群也因此被称为燧人氏族。钻木取火是根据摩擦生热的原理产生的。

燧人氏·钻木取火

第六章 农耕与水利：民之生计

【知识链接】"燧人氏"的传说

原始社会的初期，人类以粗糙的石制工具猎取生活必需品。由于自然界的自燃，原始人类经常可以看到火光，有时可以见到连续不断的森林大火。但那时的人却不认识火，视火为不详，绕火而行，避火而居。随着中国原始人类数量的不断增多，在商丘出现了一位智者。之所以称其为智者，是因为他有超越常人的行为。别人绕火而行，他却哪里有火便向哪里去；别人避火而居，他却经常在有火的地方居住；别人捡到被火烧死的小动物总是随手扔掉，他发现被火烧死的小动物总是撕些肉放入口中细细品尝。通过长时间的体验，他发现了火的妙用。于是号召周围的人开始利用火烧烤食物和取暖，使人类慢慢克服了生食的习惯，并找到用火抵御寒冷的办法。为了使人类时时处处都能找到火与用上火，智者开始了艰难的人工取火方法的探索，最终找到了钻木取火的方法，使中华民族的先人掌握了用火与取火技术。由于钻木取火中大多使用的是燧木，于是人们便把发明人工火技术之智者尊之为"燧"，称为"燧人氏"。

火的使用结束了远古人类茹毛饮血的历史，开创了华夏文明，是人类征服自然界的第一个伟大胜利，最终把人类自己同动物界分开，开始摆脱大自然的束缚，使人类开始由食物采集者变成食物生产者，刀耕火种的原始农业产生了。

刀耕火种，是一种古老原始的生荒耕作制，这种耕作方式没有固定的农田，先民们先以石斧，后来用铁斧砍伐地面上的树木，开辟出空地用于农业生产，等到枯根朽茎，草木晒干后用火焚烧。经过火烧的土地变得松软，不翻地，利用地表草木灰作肥料，播种后不再施肥，靠自然肥力获得粮食，当土地的肥力减退时，就放弃它，再去开启新的空地，一般种一年后易地而种。

刀耕火种是原始人类进行农业生产的一种社会存在形态，是最原始的农业，在当时生产力极度低下的情况下，这种技术体现了古代劳动人民的生存智慧，它使得农业拓展到原本为森林覆盖的地区，是人类文明的进步。至今仍在世界的许多地区沿用。

2. 炎帝造耜

《易经·系辞》中说神农氏"斫木为耜，揉木为耒，耒耜之利，以教天下"，《礼纬·含文嘉》中说神农氏"始作耒耜，教民耕种"，这里都提到炎帝神农制作耕播工具——耒耜。原始的刀耕火种，只能是广种薄收，经过多次种植后的土地日趋贫瘠，部落只有到新的地方烧荒垦土，刺穴播种，以取得更多的谷物。频繁的迁徙，繁重的劳动，先民们疲惫不堪。为了让部落能够休养生息、安居乐业，炎帝改进耕播和种植方法，发明了最早的农具耒耜，提高了耕作能力。

【知识链接】耒耜

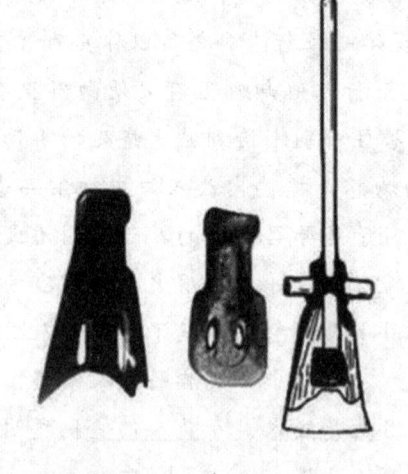

传说，炎帝狩猎时，看到野猪正在拱土，留下一片被翻过的松土。野猪拱土的情形，给炎帝带来启发。经过反复琢磨，炎帝在刺穴用的尖木棒下部横着绑上一段短木，先将尖木棒插在地上，再用脚踩在横木上加力，让木尖插入泥土，然后将木柄往身边扳，尖木随之将土块撬起。这样连续操作，便耕翻出一片松地。

耒耜是生产力发展的产物，是人类发展的必然要求。生产力的发展、生产技术的改进，为新式农具的发明与创造提供了必要的物质条件。于是人类开始运用翻地工具（耒耜）来翻地。重新利用被废弃的土地，这样火耕农业就逐渐发展为耒耜农业。炎帝作耜在莽莽荒原上掘开了汉族农耕文化的汩汩泉流。

有了耒耜，才有了真正意义上的"耕"和耕播农业。炎帝部落开始大面积地耕播粟谷，并将一些野生植物培育成农作物，如稷、米（小麦）、牟（大麦）、稻、麻等。后人将这些作物统称为"五谷"或"百谷"，并留下"神农传五谷"等美好传说。

【知识链接】五谷杂粮

在《黄帝内经》中，五谷被称之为："粳米、小豆、麦、大豆、黄黍"，而在《孟子·滕文公》中称五谷为"稻、黍、稷、麦、菽"，在佛教祭祀时又称五谷为"大麦、小麦、稻、小豆、胡麻"，李时珍在《本草纲目》中记载谷类有33种，豆类有14种，总共47种。还有一种说法认为五谷泛指五类作物，即"悬、藤、根、角、穗"。现代常用汉语中，通常说的五谷是指：稻谷、麦子、大豆、玉米、薯类，同时也习惯性地将米和面粉以外的粮食称作杂粮，而五谷杂粮也泛指粮食作物，所以五谷也是粮食作物的统称。

农业的产生和发展是人类历史上第一次产业革命。熟荒耕作的方式可以重复利用已开垦的土地，农业逐步成为人类社会的主导产业。农业生产的进步使古代社会的物质生活来源不再单纯地利用天然产品，而是通过种植作物获得更为主要、更为稳定、更为丰富的产品。食物可以养活更多的人口，从事生产劳动的人减少了，在以农业为主的地区便产生了新的社会产业——手工业。手工业的产生，进一步促进了农业的发展，为农业发展提供了更先进的农具。

二、铁犁牛耕：农耕文明的助力

耒耜的发明虽然在一定程度上提高了农业生产技术，但仍有一定的局限性，石犁笨重，需用强大的动力才能拉动，且易损毁。高效率的耕翻土地需要两个基本手段：耕作工具和牵引动力。耕作技术的进步，就成为衡量农业发展水平的首要标志。在这种趋势下，青铜农具、铁梨牛耕应运而生。

1. 青铜农具

青铜是从石器加工和烧制陶器的生产实践中渐渐被认识而产生的，是金属冶铸史上最早的合金，在纯铜（红铜）中加入锡或铅的合金，与纯铜（红铜）相比，青铜强度高且熔点低。青铜产生后，青铜农具逐渐取代石器工具，铜铲、铜镰等铜制农具开始被广泛使用。

青铜农具之所以能取代石器而给人类社会生产力的发展带来不可估量的重要作用，在于青铜作为最早被冶炼的金属具有其独特性。铜器的制造和使用，是生产力发展到一定高度的重要标志，青铜的出现标志着古代农业生产技术的进步，促进了农业生产的发展和社会的进步。

> **【知识链接】青铜器时代**
>
> 青铜器时代是以使用青铜器为标志的人类物质文化发展阶段。青铜是红铜（纯铜）与锡或铅的合金，因为颜色青灰，故名青铜，熔点在700~900℃之间，比红铜的熔点（1083℃）低。含锡10%的青铜，硬度为红铜的4.7倍，性能良好。青铜时代初期，青铜器具比重较小，仍然以石器为主；进入中后期，比重逐步增加，农业和手工业的生产力水平提高，物质生活条件也渐渐丰富。青铜出现后，对提高社会生产力起了划时代的作用。

2. 铁犁牛耕

新石器时代石犁和商周时期青铜犁的出现，标志着中国古代在农业生产技术方面的飞跃。但是，由于受材料和动力条件的限制，青铜犁虽锐利，但数量太少。春秋战国时期，人们在冶炼青铜的基础上逐渐掌握了冶铁技术，随着冶铁技术的进步，铁器出现。战国中期以后，诸侯各国展开兼并土地的争霸战争，私有土地不断扩大，铁具在农业中代替传统铜具，铁犁得以广泛使用。

牛耕图

铁犁是中国传统农具中最具代表性的生产工具，铁犁装有铁制犁铧和犁镜，以牲畜或人力牵引，河北易县燕下都遗址和河南辉县都出土过战国时期的铁犁铧。铁犁铧的发明是一个了不起的成就，标志着人类改造自然的斗争进入一个新阶段。汉代的农具铁犁已有犁壁，能起翻土和碎土的作用。铁犁在17世纪传入荷兰，之后引发了欧洲的农业革命。

【知识链接】**铁器三次重大变革**

我国古代社会冶铁和耕作工具发生过三次重大变革。第一次变革发生在战国秦汉之际。由于铁冶炼技术的发展和生铁柔化技术的发明，韧性铸铁农具得以推广，带来我国古代农业生产的第一个发展高潮。第二次变革发生在唐宋之际。由于"炒钢"技术的发展和"灌钢"冶炼法的进步，钢刃熟铁农具崭露头角，显示出极大的优越性，不仅提高了牵引效率，而且推动了我国传统农具的配套进程。第三次发生在明清之际。由于"生铁淋口"技术的发明，开始推广"擦生农具"。

耕地就是把土一块一块地挨次掘起来，耕作的人需要掘一块，退一步。这种后退间歇的耕地方法，用力多而效果差。春秋战国时期，我国开始使用牛耕技术，牛耕开始于秦国，商鞅变法后，普遍使用牛耕。商鞅为了重视农业，规定"盗马者死，盗牛者加。"牛耕技术从出现延续到20世纪末，在中国农村延续了2000多年。应该说牛耕技术在历史上是起过重要作用的,极大地节省了社会劳动力,扩大了生产规模,促进了社会生产力的发展。

铁犁牛耕标志着农耕社会达到新的高度,畜力与铁器的结合,给精耕细作提供了条件。铁犁牛耕的使用,大大提高了农业生产的效率,中国农耕范围从黄河流域向南扩展到长江流域,引发了一场以铁犁牛耕为标志的农业技术革命。

三、农学专著:农耕文明的传承

我国古代农学著作现存的有三百多种,最为著名的有贾思勰所著的《齐民要术》和徐光启所著的《农政全书》。古代先贤们通过这两部著作给我们留下了宝贵的财富。

1. 农学先驱:《齐民要术》

贾思勰是北魏杰出的农业科学家,大约生活在公元5世纪末至6世纪中叶。于北魏永熙二年(公元533年)至武定二年(公元544年)这11年间,完成了著名的农学著作《齐民要术》。这是我国6世纪最完整、最系统、内容最丰富的农业百科全书。

《齐民要术》将近12万字,正文部分分10卷92篇。此外,还有序文和杂说。这92篇里,包括了种植业、畜牧业、加工业等部门,涉及谷物、纤维、染料、香料、绿肥、饲料、蔬菜、瓜果、树木、家畜等方面的生产、管理和加工技术,是中国一部伟大的农学巨著。

贾思勰像　　　　　　　　《齐民要术》图片

《齐民要术》的中心思想是在农业生产中如何发挥天时、地宜、人力三要素的作用。他指出:"顺天时,量地利,则用力少而成功多",否则就会"劳而无获"。他把不同的农作物的播种、操作时间分为上、中、下三时;他又分析了各种土地质量情况,也分为上、中、下三等;他对人力更强调讲究质量,也就是更注重技术,"宁可少好,不可多恶"。天时、地宜、人力这一农业体系理论的系统化、完善化,则是到了贾思勰的《齐民要术》才得以完成。通过贾思勰的努力,这一理论比以前更加深入、成熟,它的指导性地位更加稳固、强化。

《齐民要术》对秦汉以来中国黄河流域农业科学技术知识进行了系统总结,保存了汉代农业技术的精华,而且着重归纳了《氾胜之书》以后北方旱地农业的新经验、新成就,如以耕、耙、耱为中心的旱地耕作技术系统和轮作倒茬、种植绿肥、良种选育等项技术。在此后的1000多年中,中国北方旱地农业技术的发展,基本上没有超出它所总结的方向和范围,为中国后来的许多农书开辟了可以遵循的途径。

【知识链接】农业谚语之气温与农业

清明热得早,早稻一定好。

四月不拿扇,急煞种田汉。

夏作秋,没得收。

五月不热,稻谷不结。

六月不热,稻子不结。

六月盖被,有谷无米。

三伏不热,五谷不结。

铺上热得不能躺,田里只见庄稼长。

人在屋里热得跳,稻在田里哈哈笑。

人往屋里钻,稻在田里窜。

人热了跳,稻热了笑。

人怕老来穷,稻怕寒露风。

遭了寒露风,收成一场空。

晚稻全靠伏天长,秋热收晚田。

麦里苦虫,不冻不行。

冻断麦根,挑断麻绳。

冷收麦,热收秋。

2. 农学百科:《农政全书》

《农政全书》的作者是明末著名科学家徐光启(1562-1633年),全书60卷,50余万字。全书共分为12目,包括农本、田制、水利、农器、农时、开垦等。全书既大量考证收录了前代有关农业的文献,又有徐氏自己在农业和水利方面的科研成果和译述,堪称当时中国农业科学遗产的总汇。

徐光启编撰《农政全书》的主导思想是"富国必以本业",所以他把《农事》三卷放在全书之前。其中《经史典故》引经据典阐明农业为立国之本;《诸家杂论》则引诸子百家言论证明古今以农为重;此外兼收冯应京《国朝重农考》,其意皆在"重农"。徐光启的"农本"思想,不但符合泱泱农业大国既往历史,而且未必无补于今时。当前,农业问题和农民问题仍然是国家决策的重要内容。从这一点出发,徐光启的"农本"思想仍有积极意义。

【知识链接】徐光启的"用水五法"

徐光启总结历史经验,阐述自己的观点,形成系统的农田水利理论,称为用水五法:一是用水之源(泉水)。二是用水之流(河、塘、浦、径、浜)。三是用水之潴(湖泊)。四是用水之委(如何利用大海潮汐,如何解决沙洲和岛屿用水)。五是作原作潴以用水(就是凿井、挖塘、建库)。

这些农学著作,记述了祖国江河湖海的变迁,总结了古代农业科技的成就,开辟了地理学和农学的新见解新理论,对今天农业的发展有重要参考价值。这些著作都是伟大先贤们留给中华民族不朽的精神财富,带给我们的不仅仅是精湛的科学技术,还有古代先贤们对自己所从事事业的奉献精神。

【知识链接】民以食为天

秦朝末年,有个书生叫郦食其,很有学问。秦朝灭亡后,刘邦和项羽争霸。荥阳西北有座敖山,山上有座小城,城内有许多专门储存粮食的仓库,所以称为敖仓,是当时关东(函谷关以东)最大的粮仓。在是否放弃敖仓的关键时刻,刘邦征求郦食其的意见。郦食其说:王者以民为天,而民以食为天。楚军不知道守护粮仓而东去,这是上天帮助汉朝成功的好机会啊!希望大王迅速组织兵力,固守敖仓,一定会改变目前不利的局势。刘邦依计而行,终于取得了胜利。

【疑问小思】

1. 为什么中国的文明起源于农耕文明?
2. 如何理解"民以食为天"的含义?

第二节　治水文化与水利工程

水是农业发展的命脉，我国古代劳动人民为了保证农业生产的发展，预防水旱洪涝灾害，勇敢地与大自然展开了长期的斗争，在古代水利科技上有了很高的造诣，这是古代劳动人民的光辉创造，也是优秀的民族文化遗产。

一、大禹治水：人与自然的博弈

从大禹治水起，人类就开始了与自然之水的抗争。古代神话中有许多关于他身先士卒、与群众同甘共苦和以天下为己任的传说，"禹凿龙门、三门峡""三过家门而不入"等治水的故事家喻户晓。大禹治水，已经成为我国古代人民力量和智慧的象征，人民深深热爱和崇敬大禹。诗仙李白为我们留下了"大禹理百川，儿啼不窥家，杀湍堙洪水，九洲始桑麻"（《公无渡河》）的著名诗篇。

《史记·夏本纪》记载，禹"左准绳，右规矩""行山表水，定高山大川"，即他带着测量工具，到处勘察地形，测量水势。带领百姓"疏川导滞"，排除洪水和积涝，使水回归河槽，流入大海。在治水方法上，禹吸取了父亲鲧的经验教训，变堵为疏，更尊重客观规律，更尊重科学技术。

> **【知识链接】三过家门而不入**
>
> 为了治水，大禹曾三过家门而不敢入。第一次经过家门时，听到他的妻子因分娩而在呻吟，还有婴儿哇哇的哭声。助手劝他进去看看，他怕耽误治水，没有进去；第二次经过家门时，他的儿子正在他妻子的怀中向他招手，这正是工程紧张的时候，他只是挥手打了下招呼就走过去了。第三次经过家门时，儿子已长到10多岁了，跑过来使劲把他往家里拉。大禹深情地抚摸着儿子的头，告诉他，水未治平，没空回家，又匆忙离开。大禹三过家门而不入，传为美谈。

大禹治水是中华民族治水文化的重要开端，大禹治水留下了宝贵的精神财富。大禹一心扑在治水事业上，在治水过程中表现出来的勤苦耐劳、牺牲奉献精神，也长期影响、鼓励着一代又一代的水利工作者,永远激励着我国人民与洪涝灾害进行斗争。禹在治水过程中逐共工、诛相柳、擒无支祁,对付的都是趁洪水之际兴风作浪的社会恶势力。大禹治水的精神具有巨大的历史震撼力和时空穿透力,犹如一面精神的大旗,感召激励着一代又一代炎黄子孙汇聚在这面旗帜下,成为中华民族的精神支柱。

二、助力农业的灌溉

春秋战国时期,铁制农具的使用和社会变革,促进了水利事业的发展。在我国古代进行的灌溉工程,内容是非常丰富的,水多的地方就进行防洪排涝,水不足的地方,就凿渠井,或是修建蓄水的陂塘,或是引用地下自然潜水等。这些灌溉工程是古代劳动人民在劳动中根据不同的地理条件,因地制宜的创造,是劳动人民集体智慧的结晶。

1. 都江堰

都江堰位于四川省成都市都江堰市城西,坐落在成都平原西部的岷江上,始建于秦昭王末年(约公元前256年),是蜀郡太守李冰父子在前人鳖灵开凿的基础上组织修建的大型水利工程。

都江堰水利工程充分利用当地西北高、东南低的地理条件,根据江河出山口处特殊的地形、水脉、水势,乘势利导,以无坝引水为特征,自流灌溉,使堤防、分水、泄洪、排沙、控流相互依存,共为体系,保证了防洪、灌溉、水运和社会用水综合效益的充分发挥。都江堰整体规划是将岷江水流分成两条,其中一条水流引入成都平原,这样既可以分洪减灾,又可以引水灌田、变害为利。主体工程包括鱼嘴分水堤、飞沙堰溢洪道和宝瓶口进水口。都江堰水利工程规模宏大、布局合理、运行科学,且与环境和谐结合,在历史和科学方面具有突出的价值。

都江堰修成后,使成都平原大约300万亩良田得到灌溉。旱涝无常的成都平原成为

李冰像

了沃野千里的天府之国;它是中国古代劳动人民勤劳、勇敢、智慧的结晶。2000多年来,经历代劳动人民的精心维护,没有成为西风残照下的废墟,直到今天仍在使

用,被誉为"世界水利文化的鼻祖"。2000年被联合国教科文组织列入世界文化遗产名录。

> **【知识链接】治水三字经**
> 人们在长期实践中创造了都江堰水文化,其内涵深刻,是都江堰工程长盛不衰的重要因素。"乘势利导、因时制宜"的原则,是治理都江堰工程的准则,人们称之为"八字格言"。都江堰的治水三字经,更是人们治理都江堰工程的经验总结和行为准则。治水三字经如下:"深淘滩,低作堰,六字旨,千秋鉴,挖河沙,堆堤岸,砌鱼嘴,安羊圈,立湃阙,凿漏罐,笼编密,石装健,分四六,平潦旱,水画符,铁桩见,岁勤修,预防患,遵旧制,勿擅变"。

2. 郑国渠

郑国渠位于陕西的北山南麓,在泾阳、三原、富平等县二级阶地的最高位置上,由西向东,它西引泾水东注洛水,长达300余里。郑国渠在战国末年由秦国穿凿。公元前246年由韩国水工郑国主持兴建,约十年后完工。

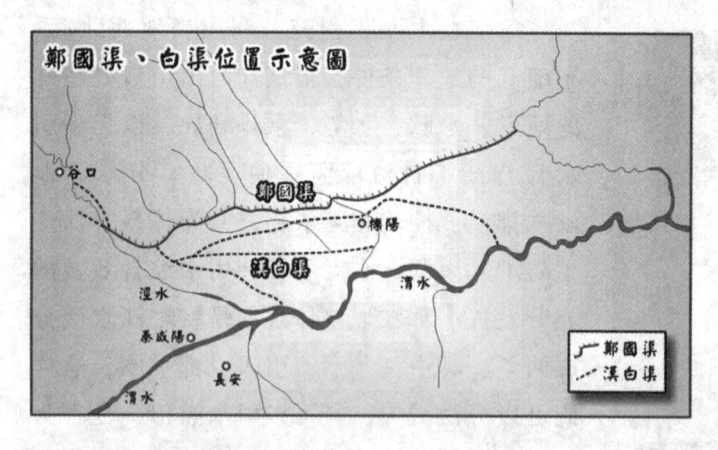

将干渠布置在平原北缘较高的位置上,便于穿凿支渠南下,灌溉南面的大片农田。可见当时的设计是比较合理的,测量的水平也已很高了。不过泾水是著名的多沙河流,古代有"泾水一石,其泥数斗"的说法。

郑国渠修成后,大大地改变了关中的农业生产面貌,"用注填淤之水,溉泽卤之地",就是用含泥沙量较大的泾水进行灌溉,增加土质肥力,改造了盐碱地4万余顷(相当于现在280万亩)。使原本雨量稀少、土地贫瘠的关中,变得富庶起来。郑国渠遗址历来享有中国水利史"天然博物馆"的盛誉,是古代劳动人民最早在关中建设的大型灌溉水利工程。

【知识链接】韩国疲秦之计

战国末年，秦国国力强盛，韩国的统治者采用了"疲秦"之计，即派水工专家郑国去劝秦国兴修大型水利工程，以消耗秦国的国力，使它无力向东出兵打仗。秦王嬴政果然中计，请郑国设计。郑国开工不久，"疲秦"之计就被秦人发觉了。秦王一气之下要杀郑国，他不慌不忙地对秦王说：修此渠道，只能为韩国延长数岁之命，而对秦国来说却是建立了万世之功。杀我很容易，可是要想重新使我为秦国效劳却难了。一席话，把秦王的怒气打消了。紧接着，秦王下令按郑国的设计方案继续施工。渠道建成，以郑国的名字命名。

三、四通八达的水运

1. 京杭大运河

京杭大运河是世界上里程最长、最古老的运河之一，与万里长城、埃及金字塔、印度佛加大佛塔并称为世界四大古代工程。万里长城、金字塔、佛加大佛塔随着现代文明的推进，成为历史陈迹，唯独京杭大运河，却是至今还活着的、流动着的文化遗产，并且使用至今，是中国文化地位的象征之一。

春秋吴国为伐齐国而开凿，隋朝大幅度扩修并贯通至都城洛阳并且连涿郡（今北京），元朝翻修时弃洛阳而取直至北京。开凿到现在已有2500多年的历史。2002年，大运河被纳入了"南水北调"东线工程。2014年6月22日中国大运河项目成功入选世界文化遗产名录。

京杭大运河全长1794千米，北起北京，南至杭州，流经天津、河北、山东、江苏和浙江四省一市，沟通了海河、黄河、淮河、长江、钱塘江五大水系。

运河是由古代统治者主导开凿整修而成，统治者们集合庞大的人力、物力开凿运河的主要目的是漕运。漕运是封建王朝的生命支持与动力供应系统，使王朝的生命延续。由于海运的海盗、风浪等问题难以解决，在漕运史上运河水运是首选方案。开凿运河是一件名副其实的功在当代、利在千秋的伟大壮举，对修造者而言，其功效时隔不久就能显

京杭运河示意图

现，给王朝带来举足轻重的影响。所以历朝历代有见识的统治者都非常重视运河的修造。大运河虽为漕运所开，但当时代对之有商运需求时，统治者也与时俱进使之成为商运之河、民运之河。

运河开通后，南旺作为大运河的"水脊"，成为了运河畅通的难题。明朝初期，工部尚书宋礼和汶上民间水利专家白英经过勘察，在戴村筑坝建分水工程，使汶水西行，从南旺入运河，七分向北流，进入漳、卫；三分向南流，进入黄、淮。这就是著名的南旺分水枢纽。

南旺"引汶济运"水利工程，以漕运为中心，疏河济运、挖泉集流、蓄水济运、泄涨保运、增闸节流，科学地解决了引汶、分流、蓄水等重大复杂的技术和实践问题，从而保证了大运河畅通无阻。即使在今日，也仍不失为妙手之作，堪称世界水利史上的一大范例，具有永恒的研究和借鉴价值。

南旺分水枢纽示意图

2. 灵渠

灵渠古称秦凿渠、零渠、陡河、兴安运河，在广西壮族自治区兴安县境内，于公元前214年凿成通航。公元前221年，秦始皇吞并六国、平定中原后，为尽速征服岭南，秦始皇下令开凿灵渠。灵渠工程的主体包括大小天平石堤、铧嘴、南北渠、泄水天平和陡门，沟通南北水路运输，自古就是中国岭南与中原地区之间的水路交通要道。

灵渠是世界上最古老的运河之一，是目前所知世界上最古老的盘山渠道，也是中国古代著名的水利工程。灵渠连接了长江和珠江两大水系，构成了遍布华东华南的水运网。自秦以来，对巩固国家的统一，加强南北政治、经济、文化的交流，密切各族人民的往来，都起到了积极作用。

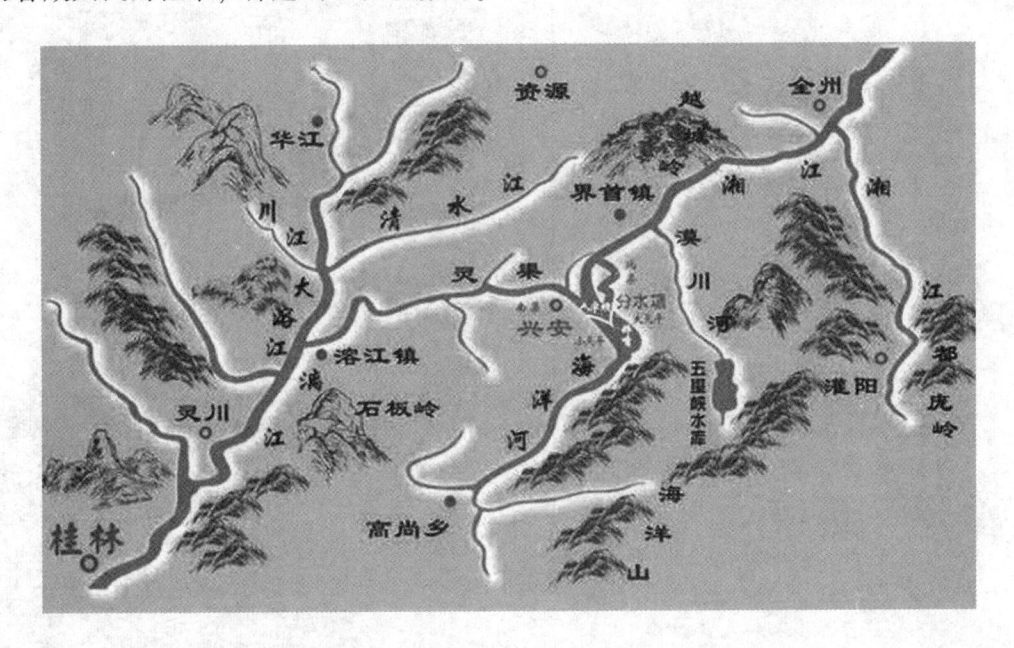

灵渠示意图

四、防患未然的堤防

堤防是世界上最早广为采用的一种重要防洪工程。筑堤是防御洪水泛滥，保护居民和工农业生产的主要措施。河堤约束洪水后，将洪水限制在行洪道内，使同等流量的水深增加，行洪流速增大，有利于泄洪排沙，此外堤防还可以抵挡风浪及抗御海潮。堤防的建设，一般都与河道整治密切结合。在中国古代历史上，最为著名的就是黄河堤和荆江堤。

1. 黄河千金堤

金堤，取固若金汤之意而命名，春秋战国（公元前722年~公元前221年）时期，黄河下游已普遍兴筑堤防。但各诸侯国以邻为壑，堤防不规则、不合理。秦国统一中国后，对堤防进行了全面整治。汉代进一步修成系统堤防，并不断增修石工，加高增厚。因此，汉代人称黄河大堤为金堤，《史记·河渠书》有所记载。西汉末期，黄河下游决溢。王景治河后，又在新河两岸修筑堤防，自汴口以东沿河积石垒堤，也统称金堤。从宋代（公元960年~公元1279年）开始，黄河又多次变迁。河道每大摆动一次，沿河两岸均要兴筑大堤。这样，在古河道长期行经的地方形成了多重大堤,当地群众和一些文献也称这些堤防为金堤。自汉代以后,也多用"金堤"泛指其他修筑坚固的堤防。

> 【知识链接】 苏堤
>
> 苏堤是北宋著名文人苏轼(苏东坡)第二次来杭州当官时指挥20多万人利用疏浚西湖时挖出的葑草和淤泥堆积而成的。南宋(13世纪)以来,"苏堤春晓"就是"西湖十景"之首。长堤卧波,贯通了整个湖的南北两侧,给西湖增添了一道妩媚的风景线。元代又称之为"六桥烟柳"而被列入钱塘十景,足见它自古就深受人们喜爱。

清·董邦达《苏堤春晓》

2. 荆江堤

荆江河段素以河道摆动大、险段多、防御难著称,历史上因堤防不严导致的巨大灾害不胜枚举,因此,其安流与否对两岸的重要粮、棉、油生产基地——江汉平原和洞庭湖平原(以下简称两湖平原)影响重大,荆江堤防的重要性不言而喻。

宋代以前,有关荆江堤防的记载很少,宋代是荆江堤防发展的重要时期,该时期人口的增多、农田的垦辟、城镇的发展等,都促使了堤防的明显增长,堤防的修筑和治水能力的提高反过来又促进了当地社会经济的开发。

明代是荆江堤防大发展的时期,沿江堤防已基本建成,并创立了"堤甲法",提高了筑堤技术,采取了沿堤砌石、增修月堤等措施加以防护,为日后以至今天荆江大堤的发展奠定了基础。清代,荆江堤防得到进一步的修护与加固,月堤与护岸工程明显多于明代,堤防对荆江两岸地区的保障日益增强。明清时期,两湖平原人口增殖、农田扩展,经济迅速上升,这些成就的取得与堤防的保护密不可分。

【知识链接】长江三峡水利工程

长江三峡又名峡江或大三峡，位于中国境内的长江干流上，西起重庆市奉节县的白帝城，东至湖北省宜昌市的南津关，全长 193 千米，由瞿塘峡、巫峡、西陵峡组成。三峡工程全称为长江三峡水利枢纽工程。整个工程包括一座混凝重力式大坝泄水闸、一座堤后式水电站、一座永久性通航船闸和一架升船机。三峡工程建筑由大坝、水电站厂房和通航建筑物三大部分组成。大坝坝顶总长 3035 米，坝高 185 米。通航建筑物位于左岸，包括双线五级、连续梯级、永久船闸及单线一级垂直升船机。举世瞩目的三峡工程是迄今世界上最大的水利水电枢纽工程，具有防洪、发电、航运、供水等综合效益，2006 年已全面完成了大坝的施工建设。

水利是人类向自然灾害进行斗争的形式。水的治理开发不断发展和进步是人类文明进步的重要组成部分。世界四大文明古国的中国就是在黄河和长江流域开创和发展的。因为水旱灾害无常，所以除水害、兴水利几乎是历朝历代都要兴办的事业。人们在长期从事水利活动的过程中，也就形成独具特色的水文化。正是这些水文化，才驱动人们不屈不挠、生生不息、绵延不断地兴修水利，并形成巨大的精神动力，推动着水利事业的发展，创造着水利事业的辉煌，直至今天，仍然发挥着重要作用。

【疑问小思】
1. "大禹治水"体现出怎样的民族精神和智慧？
2. "南水北调"东、中、西三条线路是怎样的？

小　结

农耕文化是中国传统文化的重要组成部分,农耕文化创造了精耕细作的传统农业生产方式和独具匠心的农田水利设施。精耕细作是中国传统农业精华的概括,古语云:"玉不琢,不成器"。农业的发展,离不开劳动人民精益求精、专注、坚持和敬业的精神。正是劳动人民的这种精神,才造就了农业革命的铁犁牛耕,才看到了记载经验总结的农学专著,才成就了我们今天的农业大国。

独具匠心是中国农田水利工程的精华,正是古代工匠们的坚持不懈和不断创新,才造就了独具匠心的水利工程。科学的设计、合理的布局、精准的测量、勇敢的改造,才成就了一个个发达的灌溉体系、畅通南北的航运系统、抵御洪水的堤防工程,至今造福着一方百姓。

不论是精耕细作的农业还是独具匠心的水利,都昭示着古代劳动人民的智慧和勇敢、创造、精益求精、坚持不懈的精神,这些精神对于现代社会仍有重要启迪,传承和创新农耕文化,古为今用,重拾被我们遗忘的工匠精神,十分必要和现实。

第七章
科学与技术：工求精密

【图说】四大发明

公元 904 年，火药

公元 105 年，造纸术

公元 1041 年，活字印刷术

公元前 403 年，指南针

四大发明是中国古代科学技术史的代表，一般是指指南针、造纸术、火药及印刷术。指南针推动了航海事业的发展，促进了世界贸易；造纸术为人类提供了经济、便利的书写材料；火药的发明改变了传统作战方式；印刷术加快了文化的传播与普及。

四大发明是中华科技文明的一种标志，但我国古代的重要发明创造远不止于此。中国科学院于 2016 年 6 月出版的《中国古代重要科技发明创造》一书，列出天象记录、小孔成像、经脉学说、针灸、潮汐表等 88 项中国古代发明成果。

从商周到明清，古代科技都在不断发展与进步。古代科技在发展过程中，由于需要服务于生产和巩固阶级的统治，因此具有实用性；古代科技著作大多是对生产经验的直接记载或对自然现象的直观描述，因此具有经验性。总之，中国古代科技对世界具有重大影响，为世界科学技术做出了重大贡献。

第一节　四大发明：推动人类文明进程

说到中国古代的科技文明，就不能不说四大发明。指南针、火药、造纸术和印刷术的发明，不仅影响着中国文化，也影响着世界的文明进程。

一、指南针：指引世界航海方向

先秦时代我们的先人已经积累了许多有关磁石方面的认识。《管子·地数》篇中最早记载了这些发现："山上有磁石者，其下有金铜。"那时的人称"磁"为"慈"，他们把磁石吸引铁看作慈母对子女的吸引。

公元前5世纪，中国人发现了磁铁的指极性。据《古矿录》记载，指南针的前身是出现在战国时期名为"司南"的小玩意儿。司南由青铜盘和天然磁体制成的磁勺组成，青铜盘上刻有二十四向，置磁勺于盘中心圆面上，可以自由旋转，当它停下时，勺柄就会指向南方。当时郑国人到远方采玉，就使用"司南"，以确保不迷失方向。

到了公元4世纪，东晋人发明了一种叫作"指南鱼"的小游戏。东晋的崔豹在《古今注》中曾提到这种"指南鱼"，其方法是拿一块薄铁叶剪裁成鱼形，两头翘起，腹部略微下凹，像一只小船，磁化后浮在水面，就能指示南北。这是一种人工磁化的方法，人工磁化方法的发明对指南针的应用和发展起了巨大作用。

中国人发明指南针技术并加以广泛运用是在公元9至10世纪。公元10世纪，中国人发明了缕悬式指南针，磁针挂在梁柱上，下面是圆星的方位盘，有二十四个方向，通过看磁针在方位盘上的位置，就能断定出方位。公元12世纪，发明了"指南龟"：将天然磁石放置在木刻龟腹内，在木龟腹下方挖一光滑的小孔，放置在木板顶端的竹钉上，这样木龟就有可以自由旋转的支点，静止时首尾分指南北。当时它并没有用于航海指向，而用于幻术，这就是后来出现的旱罗盘的前身。

北宋时，指南针就被用于航海。开始时人们对它的性能并不太熟悉，所以航海人员晚上靠星星、白天靠太阳辨别方向，逢到阴天才靠指南针。南宋时，制成了独立仪器罗盘，普遍应用于航海。

元代，指南针对于航海的作用被充分认识和广泛利用。人们在船上设置了专门放置指南针的"针房"，并有专人看管。当时多是将指南针放到水中，即所谓"浮针"，后来把它和罗盘结合起来，指南针的使用范围便日益广泛。

指南针的发明，使古代航海业有了突破性的进展。结合对潮汐、季风等的观察，在航海中创造了一套实用性很强的导航技术。正是凭借这样的导航技术，才出现像郑和下西洋那样的海上壮举，将中国人的航海事业推进到一个新时代。13世纪初指南针传入欧洲，才有了哥伦布发现美洲新大陆的航行和麦哲伦的环球航行，从而大大推进了世界文明发展的进程。

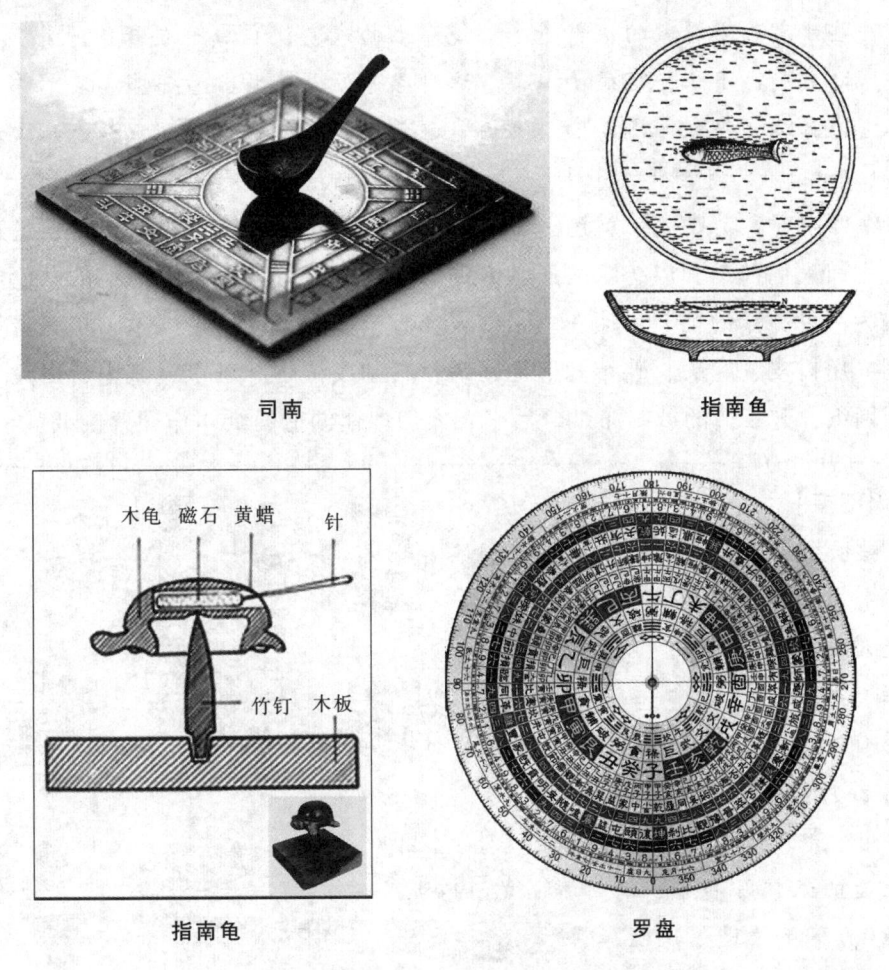

司南

指南鱼

指南龟

罗盘

二、造纸术：传播文明的载体

战国时的思想家惠子喜欢读书，每次外出游学时，身后都跟着五辆装满书的大车，人们说他"学富五车"。惠子的学问再大，怎么有本事读完装满五车的书？原来，当时的书不是写在纸上，而是刻在竹简上。

人类发明了文字，有了文字就要书写。早在商朝，中国就有了刻在龟甲和兽骨上的文字，称为甲骨文。春秋时期，开始用竹片和木片书写，称为竹简和木牍。甲骨和简牍都很笨重。西汉时在宫廷贵族中又用缣帛写字，不但比简牍写得多，而且还可以在上面作画，但是价格昂贵，只能供少数王宫贵族使用，在民间难以普及。

> **【知识链接】纸的前身**
>
> 中国是世界上最早养蚕织丝的国家。劳动人民以上等蚕茧抽丝织绸，剩下的恶茧、病茧等则用漂絮法制取丝绵。漂絮完毕，篾（miè）席上会遗留一些残絮。当漂絮的次数多了，篾席上的残絮便积成一层纤维薄片，经晾干之后剥离下来，可用于书写。这种漂絮的副产物数量不多，在古书上称它为赫蹏（tí）或方絮。这表明了中国汉族造纸术的起源同丝絮有渊源。

早在西汉时，劳动人民就已造纸，西汉时期出土的植物纤维纸，是蔡伦造纸的前身。之前人们都是利用纺织之后抛弃的副产品来造纸的，东汉时期的蔡伦则将造纸发展为一种独立的工艺。他在总结前人经验的基础上改进造纸术，扩大造纸原料的范围，用树皮、麻头、破布和旧渔网等材料制成植物纤维纸，其中，以烂渔网造的纸叫网纸，破布造的纸叫布纸。后来，人们把他创造的纸叫作"蔡侯纸"。

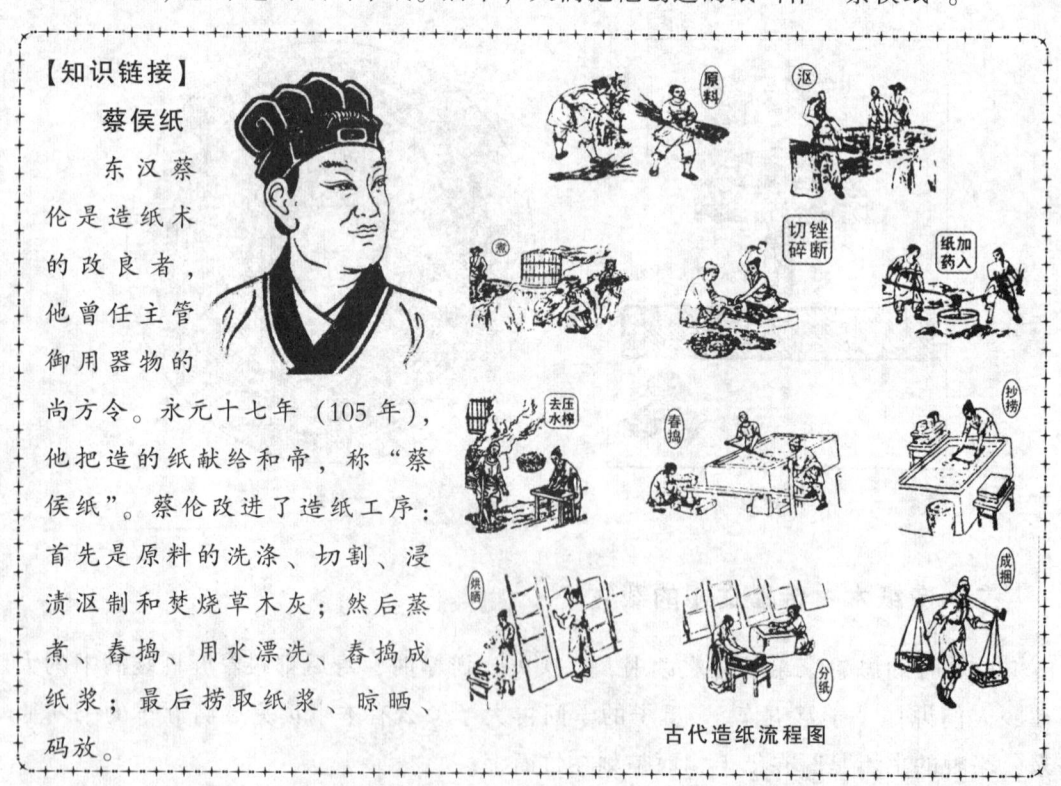

> **【知识链接】**
> **蔡侯纸**
>
> 东汉蔡伦是造纸术的改良者，他曾任主管御用器物的尚方令。永元十七年（105年），他把造的纸献给和帝，称"蔡侯纸"。蔡伦改进了造纸工序：首先是原料的洗涤、切割、浸渍沤制和焚烧草木灰；然后蒸煮、舂捣、用水漂洗、舂捣成纸浆；最后捞取纸浆、晾晒、码放。
>
> 古代造纸流程图

但在东汉、三国时期，纸并未普遍使用，人们的书写材料仍以简牍和缣帛为主。到了晋朝，造纸术传到长江流域，那里有丰富的造纸原料，也产生了较好的纸张，才得普遍推广。晋人盛行抄书、藏书就是得益于用纸的普及。魏晋南北朝时期造纸术进一步提高。造纸原料也多样化，纸的名目繁多，如竹帘纸、藤纸、鱼卵纸。

在公元前2世纪到公元18世纪初的两千年间，我国造纸术一直居于世界领先地位。造纸术在7世纪经朝鲜传到日本，之后通过丝绸之路传到了西亚、欧洲。到12世纪，欧洲才仿效中国开始设厂造纸。中世纪的欧洲，据说抄一本《圣经》要用300多张羊皮，可见其昂贵程度。文化信息的传播因材料的限制，范围极其狭小，纸的发明促进了欧洲文明的蓬勃发展。可以说，造纸业的兴盛，开创了人类文明的新纪元。

三、火药：炼丹术带来的发明

炼丹，是道家一种重要的修炼方法。炼丹家常用烧灼的办法把金石药"伏"一下，这种方法称为"伏火"。宋代人撰写的《太平广记》中有一个故事，说是隋朝初年，有一个叫杜春子的人去拜访一位炼丹老人，当晚住在那里。半夜杜春子梦中惊醒，看见炼丹炉内有"紫烟穿屋上"，顿时屋子燃烧起来。炼丹书《真元妙道要略》中也谈到用硫磺、硝石、雄黄和蜜一起炼丹失火的事。《本草纲目》中提到火药能治疮癣、杀虫、辟湿气、瘟疫。这说明唐代炼丹者已经掌握了一个重要经验，就是硫、硝、碳三种物质可以构成一种极易燃烧的药，而当时人们都把这三种东西作为治病的药物，这种药被称为"着火的药"，即火药。中国人引以自豪的四大发明之一黑火药，就是最初在唐代道家金丹家"伏火"实验中孕育出来的。

中国最迟在公元9世纪就将这种寻求长生的药物用到军事上。唐朝末年的军阀混战中，曾有"发机飞火"的记载，就是火炮、火箭之类。火炮是把火药制成环状，把吊线点燃后用抛石机抛掷出去；火箭则是把火药球缚于箭镞之下，将引线点燃后用弓射出。

明·佚名《炼丹图》

> **【知识链接】火药的应用**
>
> 　　火药最初并非使用在军事上,而是用于民间服药、烟火杂技等。宋代演出"抱锣""硬鬼""碰芝剧"等杂技节目,都运用刚刚兴起的火药制品"爆仗"和"吐火"等,以制造神秘气氛。宋人同时也以火药表演幻术,如喷出烟火云雾以遁人、变物等,以收神奇迷离之效。

　　北宋时期,火药在军事上的运用更加广泛,将火药投入到大规模的兵器生产中。12世纪初(南宋初年),宋军和金人作战,宋军大放"霹雳炮",一声炮响,随之而喷出大量纸屑、石灰散、硫磺等,很有杀伤力。

　　南宋时,一位叫陈规的官员发明了火枪。他将火药装进长竹竿,作战时由两人操作,点火后发射,人们可以掌握和控制火药的起爆时间,它是人类告别冷兵器时代的巨大飞跃。后来元人在此基础上发明了真正的手枪"火铳",以金属制造,威力巨大,人称"铜将军"。

　　火药在蒙古人横扫欧亚时,其实就传到了世界各地。到了公元14世纪,意大利人就开始使用这种热兵器,在威尼斯和热那亚海上贸易争夺战中,双方都使用了火器。后来西方侵略者也是利用火药所制造出的利炮,打开了中国的大门。

四、被称为"文明之母"的印刷术

　　印刷术发明之前,文化的传播主要靠手抄的书籍。手抄费时又容易抄错,阻碍了文化的发展。书本通过印刷大量复制,世界各地的人可以读着同样的书,这便加速了知识的传播和思想的交流。所以,印刷术对人类文明的发展极为重要,被称为"文明之母"。

　　印刷术的"印"字,本身就含有印章和印刷两种意思;"刷"字,是拓碑施墨这道工序的名称。印刷术的命名中已经透露出它和印章、拓碑的血缘关系。印章和拓碑是活字印刷术的两个渊源。

　　唐朝(7世纪左右)发明雕版印刷术,并在唐朝中后期普遍使用。它的方法是用刀在一块块木板上雕刻成凸出来的反写字,然后上墨印到纸上。1900年,在敦煌千佛洞里发现的唐咸通九年印制《金刚经》,是世界上现存最早的有刻印时间的印刷品。早期印刷活动主要在民间进行,多用于印刷佛像、经咒、发愿文以及历书等。唐初,玄奘曾用回锋纸印普贤像,施给僧尼信众。

　　宋代,是雕版印刷的全盛时代。较好的雕版材料多用梨木、枣木。因此,对刻印无价值的书,多用"灾及梨枣"的成语来讽刺。

北宋科学家沈括在《梦溪笔谈》里的《活板》一文中，提到毕昇发明胶泥活字印刷术，其中详细介绍了活板印刷术的全过程，被认为是世界上最早的活字印刷技术。活字印刷是用胶泥刻字，每字一印，烧后制成字印。将一颗颗字印排列、镶嵌于铁板之上，经烧烤、压平等工艺制成印版后，便可印刷，并能反复使用。继此之后，人们又相继发明了磁活字、木活字、锡活字、铜活字等印刷方法。

　　雕版印刷术在中国出现不久，就传到了日本和朝鲜。顺着陆上和海上两条丝绸之路，中国的印刷术很快传到了亚、非等国。意大利旅行家马可·波罗通过他的《马可·波罗游记》，将雕版印刷术介绍到欧洲，加速了欧洲社会发展的进程，为文艺复兴的出现提供了条件。

【疑问小思】

1. 四大发明为什么会出现在中国？
2. "李约瑟难题"——中国古代科技长期领先世界，但为什么近代以后远远落后于西方？

第二节 天文与历法：古代的时空观

我们的祖先对"天"极为崇拜。上古时代，人们认为整个宇宙有一个至高无上的主宰，就是帝或上帝。在上古文献里，天和帝常常成为同义词。经过科学家们的观察、研究、提炼和加工，各种天文现象逐步从神话走向科学。

一、二十八宿

宋·佚名《星宿图卷》局部

中国星座大的框架是"三垣二十八宿"体系。地球绕着太阳转，一年转一周，在地球上看来，仿佛太阳慢慢在星空背景上移动，一年一圈，我们看太阳慢慢走过的这条路线叫"黄道"。而且古人早就发现，月亮以及金、木、水、火、土五大行星走过的路线也都在黄道附近，所以黄道附近的星空就显得格外重要。于是古人大致沿黄道把这部分星空分成28份，每一份叫一"宿"，合起来叫"二十八宿"。

月亮在恒星背景上是27天多走一圈，所以古人凑一个整齐的数：28，让月亮大约一天走一份。28可以被4整除，这样又将二十八宿分成4份，每份是一个季节。"宿"有"停留""住宿"的意思，古人想象，既然这些星座是为记录月亮行程准备的，人间的车马在官道上日行夜宿，月亮最好也该这样，每一"宿"就是一家"月站"。

二十八宿被均分为四份时，各用一动物名字来统称，称"四象"。

二十八星宿：

东方苍龙七宿：角、亢、氐（dī）、房、心、尾、箕（jī）

北方玄武七宿：斗（dǒu）、牛、女、虚、危、室、壁

西方白虎七宿：奎、娄（lóu）、胃、昴（mǎo）、毕、觜（zī）、参（shēn）

南方朱雀七宿：井、鬼、柳、星、张、翼、轸（zhěn）

东宫"苍龙",西宫"白虎",南宫"朱雀",北宫"玄武"(龟蛇之象)

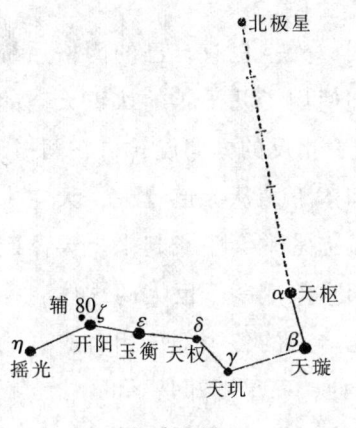

古代对星空的分区,除二十八宿外,还有"三垣"的划分,即紫微垣、太微垣、天市垣。古人在黄河流域常见的北天上空,以北极星为标准,集合周围其他各星,合为一区,名曰紫微垣。

北斗七星。北斗是由天枢、天璇、天玑、天权、玉衡、开阳、瑶光七星组成的。古人把这七星联系起来想象成为古代舀酒的斗形。北斗七星属于大熊座。

古人很重视北斗,因为可以利用它来辨别方向、定季节。把天璇、天枢连成直线并延长约5倍的距离,就可以找到北极星,而北极星是北方的标志。北斗星在不同的季节和夜晚不同的时间,出现于天空不同的方位,在人们看来它是在围绕着北极星转动的,所以古人就根据初昏时斗柄所指的方向来决定季节:斗柄指东,天下皆春;斗柄指南,天下皆夏;斗柄指西,天下皆秋;斗柄指北,天下皆冬。

北斗七星

【知识链接】浑仪和浑象

浑仪,是中国古代天文观测仪器,是以浑天说为理论基础制造的。浑天说是中国古代的重要宇宙理论,认为"浑天如鸡子,天体圆如蛋丸,地如鸡中黄。"在古代,"浑"字含有圆球的意义。古人认为天是圆的,形状像蛋壳,出现在天上的星星是镶嵌在蛋壳上的弹丸,地球则是蛋黄,人们在这个蛋黄上测量日月星辰的位置。浑仪由一重重的同心圆环构成,整体看起来像一个圆球。在公元前4世纪中叶,中国就已经使用浑仪观测天象。中国现存最早的浑天仪制造于明朝,陈列在南京紫金山天文台。

南京紫金山天文台浑天仪

浑象是一种表现天体运动的演示仪器,类似现代的天球仪,是一种可绕轴转动的刻画有星宿、赤道、黄道、恒隐圈、恒显圈等的圆球,浑象主要用于象征天球的运动,表演天象的变化。浑象与浑仪合称为浑天仪。浑天仪发明者是汉武帝时期的落下闳,后被东汉天文学家张衡改进。

二、星图

星图对天文学家们就像地图对旅游者一样极为有用,天空也有自己的网格系统来标量天体的位置,就像地球上的经纬线。有一种人们使用了几千年的认识天空的方法,就是记住星座或星群。地球旋转时,天空像在沿着相反的方向旋转。在两极,天体由于观察者所在的纬度不同而按相应的角度升起和落下。从赤道看去,天空中一切事物都是可见的,但是在其他纬度,其中一部分事物常常会隐藏起来。天体四散分布,从地球上看去它们都包围着地球。人们把它们想象成一个巨大的球体,称为天球。天球上有网格,有南北极和赤道,它们都与地球上的各个部位相对应。比如天球的北极对应地球的北极。天球在我们周围起伏延伸,而星图却是平的。

我国古代天文学家绘制出多种越来越精确的星图和星表。现在所知最早的,有战国魏人石申的《石氏星经》和同时代楚国人甘德的《甘氏星经》。

【知识链接】《甘石星经》

《甘石星经》是两书的合称,作者为战国时的楚国人甘德和魏国人石申。他们观测了金、木、水、火、土五个行星的运行,发现了这五个行星出没的规律。据我国科学家席泽宗研究证明:甘德已发现木星的3号卫星,比意大利伽利略和德国麦依尔的同一发现早近2000年,甘德、石申所测定的恒星记录,是世界上最早的恒星表。书中记有120颗恒星的位置,以现在的观察结果来看,还是比较准确的。它比欧洲第一个恒星表——希腊伊巴谷的星表早约200年。

由于我国古代把"天"与"人"联系得过于紧密,"星占术"介入太深,以致一些珍贵的记录,没有用来对天体作进一步的深入研究。例如,从春秋以来"哈雷彗星"回归20余次,每次中国都有明确记载,但却从未有人研究过这颗彗星回归周期性的运行规律。倒是英国人哈雷仅凭三次记录就发现这颗彗星每76年一返的规律。

【知识链接】漏刻

精确的天文观测，离不开精确的计时工具。中国的漏刻，是17世纪以前世界上最精确的计时工具。漏是指带孔的壶，刻是指附有刻度的浮箭。有泄水型和受水型两种。早期多为泄水型漏刻，水从漏壶孔流出，漏壶中的浮箭随水面下降，浮箭上的刻度指示时间。受水型漏刻的浮箭在受水壶中，随水面上升指示时间，为了得到均匀水流可置多级受水壶。

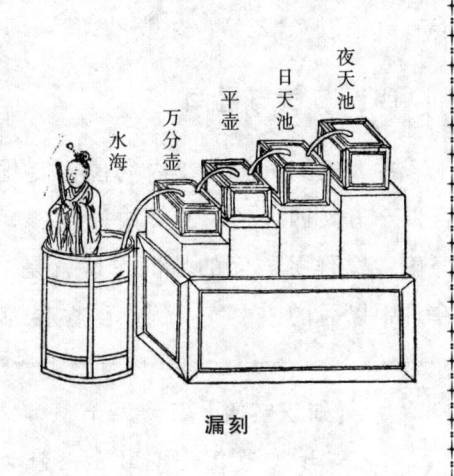

漏刻

三、历法

我国古代天文学的最主要组成部分是历法。把年、月、日、时等计时单位，按照一定的法则进行编排以便记录和计算较长的时间序列，这种法则叫历法。在封建王朝时代，由于它是皇室颁发的，所以又称"皇历"。

古人以昼夜交替的周期为一"日"，以月相变化的周期为一"月"（现代叫作朔望月），以寒来暑往的周期亦即地球绕太阳一周的时间为一"年"（现代叫作太阳年）。以朔望月为单位的历法是"阴历"，以太阳年为单位的历法是"阳历"。我国古代的历法不是纯阴历，而是阴阳合历。我国夏代已产生天干十进制记日法，殷商已使用干支记日法、朔望记月法。至此，观察授时退出历史舞台，历法的时代到来。

【知识链接】天干地支

古人用干支纪日。干，是天干，即甲乙丙丁戊己庚辛壬癸；支是地支，即子丑寅卯辰巳午未申酉戌亥。十干和十二支依次组合为六十单位，称为甲子：

甲子	乙丑	丙寅	丁卯	戊辰	己巳	庚午	辛未	壬申	癸酉
甲戌	乙亥	丙子	丁丑	戊寅	己卯	庚辰	辛巳	壬午	癸未
甲申	乙酉	丙戌	丁亥	戊子	己丑	庚寅	辛卯	壬辰	癸巳
甲午	乙未	丙申	丁酉	戊戌	己亥	庚子	辛丑	壬寅	癸卯
甲辰	乙巳	丙午	丁未	戊申	己酉	庚戌	辛亥	壬子	癸丑
甲寅	乙卯	丙辰	丁巳	戊午	己未	庚申	辛酉	壬戌	癸亥

干支的组合是天干的单数配地支的单数,天干的双数配地支的双数,所以不可能有"甲丑""乙寅"之类的。

四、节气与置闰

古人根据太阳一年内的位置变化以及所引起的地面气候的演变次序,把一年三百六十五又四分之一的天数分成二十四段,分列在十二个月中,以反映四季、气温、降雨、物候等方面的情况,这就是二十四节气。阴历每月二气,在月初的叫节令,在月中以后的叫中气。例如,立春为正月节令,雨水为正月中气。

【知识链接】二十四节气

二十四节气是我国古代劳动人民掌握农事季节的经验总结,对农业生产的发展贡献很大。

正月	立春雨水	二月	惊蛰春分	三月	清明谷雨
四月	立夏小满	五月	芒种夏至	六月	小暑大暑
七月	立秋处暑	八月	白露秋分	九月	寒露霜降
十月	立冬小雪	十一月	大雪冬至	十二月	小寒大寒

我国的农历,是一种阴阳合历,这就需要协调阴历与阳历,把它们融合在一起。按照惯例,如果把阳历的一个回归年分为12个月,那么一个月大约是30.5天。而阴历的一个月,是一个朔望月,即月亮绕地球一周的时间,这个时间大概是29.5天。因此,阴历12个朔望月大约是354天,比阳历一年少了约11天。为了弥补这种差别,农历中引入了"闰月"的概念。即每隔3年,朔望月就多出1个月,这个多出的月份就是闰月。

一年12个月,应该把多出的闰月放在哪里?农历规定:没有中气的阴历月份的下一个月,就是闰月,闰月的次序与它的前一个月相同。农历的闰月大概是十九年七闰。

闰年是公历的名词。公历规定每400年97闰,不逢百的年份能被4整除的,就是闰年,这一年的2月是29天。例如,2016年是闰年,2月有29天。

第三节 医学与养生：寻求整体平衡

中医主张"恬淡虚无，真气从之，精神内守，病安从来？"中医讲天人合一，顺天时而动，用预防和疏导的方法，"不治已病治未病"，帮助人们修心养性。

一、看不见的经络与穴位

经脉的发现，是长期观察和实践的结果。最初，先民发现人体有两个值得注意的现象，一是体表比较粗显的血脉会发生坚实、陷下、滑、涩以及色泽等变化，它与人体健康状况的起伏有关；二是发现腕踝部的脉象变化不仅反映局部的病变，而且与全身的远隔部位的病变相应。于是，人们把腕踝处作为诊脉"脉口"，称为"本脉"，而把头面颈部与本脉对应的诊脉处称为"标脉"。今人常讲的"标本兼治"，就是从这里引申而来的。

我国早在 2000 多年前就形成了系统的穴位、针灸理论，《黄帝内经》是现存最早的中医宝典。穴位是人体脏腑经络之气输注于体表的部位，是治疗疾病的刺激点与反应点。"穴"即孔隙，腧穴的本义即是指人体脏腑经络之气转输或输注于体表的腠理和骨节交会的特定的孔隙，功能是输注脏腑经络气血，沟通体表与体内脏腑的联系。

经络包括十二经脉、奇经八脉、十二经别、十五络脉等。中医把经络的生理功能称为"经气"。

中医讲究整体性，认为任何疾病都不是孤立的现象。"有诸内，必形诸外"，也就是说，机体的外部表象与内部情况存在着确定的相应关系。从经络系统上诊治疾病是中医的重要特色，所以中医往往不直接在病区治疗，而是寻找通过经脉与病区相连的穴位。在每条经脉上，离躯干越远的穴位，能解决的病痛越多，疗效越好。为此，中医的医理上有"上病下治""内病外治"的理论。例如咳嗽、哮喘病，将药膏贴在"肺腧"穴，效果非常明显。

明代《针灸大成》中的四总穴歌："肚腹三里留，腰背委中求，头项寻列缺，面口合谷收。"这是古代针灸医师临床经验的结晶，也是"经脉所过，主治所及"规律的体现。

足底对应器官图

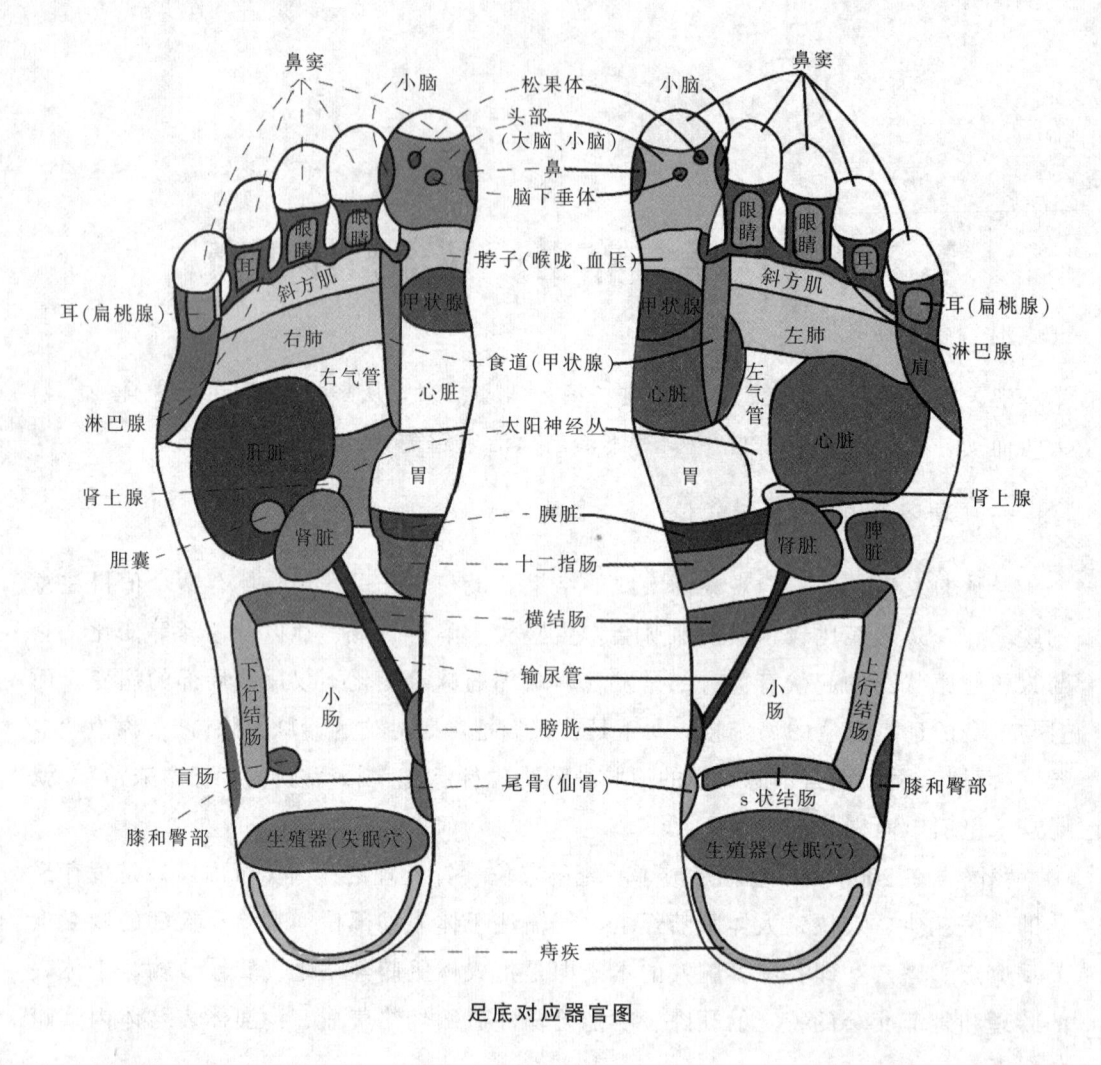

人体各部位器官在足底都可以找到相对应的部位，通过按摩、针灸、刮痧、拔罐可以调整相对应的器官功能状态。

在日常生活中，常见的中医治疗手法有中药、推拿、针灸、刮痧、拔罐等。中医认为，人有四根，即鼻根、乳根、耳根、足跟，"鼻为苗窍之根，乳为宗气之根，耳为神机之根，脚为精气之根"。在众多保健按摩中，足部按摩是最流行也是最重要的。古人曾有许多关于足浴的记载。苏东坡在诗中写道："主人劝我洗足眠，倒床不复闻钟鼓。"陆游道："洗脚上床真一快，稚孙渐长解浇汤。"

二、小小银针，神力无穷

用针刺止痛，不必打麻醉剂就可以做阑尾炎切除手术；一根小小的银针在耳边转动，外科大夫就切开了腹腔，摘除了溃烂的阑尾……病人没有无法忍受的疼痛，这就是针灸疗法。

宋·佚名《炙艾图》

  远古时期，人们偶然被一些尖硬物体，如石头、荆棘等碰撞了身体表面的某个部位，会出现意想不到的疼痛被减轻的现象。古人开始有意识地用一些尖利的石块来刺身体的某些部位或人为地刺破身体使之出血，以减轻疼痛。于是有了最古老的医疗工具——砭石，人们就用砭石刺入身体的某一部位治疗疾病。砭石在当时还常用于外科化脓性感染的切开排脓，所以又被称为针石。《山海经》说："有石如玉，可以为针"，是关于石针的早期记载。可以说，砭石是后世刀针工具的基础和前身。

  灸法产生于火的发现和使用之后。在用火的过程中，人们发现身体某部位的病痛经过火的烧灼、烘烤而得以缓解或解除的，继而学会用兽皮或树皮包裹烧热的石块、砂土进行局部热熨，而后，逐步发展成用点燃的树枝或干草烘烤来治疗疾病。经过长期的摸索，人们选择了易燃而具有温通经脉作用的艾叶作为灸治的主要材料。

  "砭而刺之"逐渐发展为针法，"热而熨之"逐渐发展为灸法，这就是针灸疗法的前身。针灸是一种"内病外治"的医术，是通过经络、腧穴的传导作用，来治疗全身疾病的。针灸以通经脉，调气血，使阴阳归于相对平衡，脏腑功能趋于调和，从而达到防治疾病的目的。

【知识链接】扁鹊的"起死回生"术

春秋战国时期的名医扁鹊路过虢国,听说虢太子死了,便来到宫门前,详细询问虢太子死的时间以及症状,接着又向虢君分析了太子的病理,认为他不过是"尸蹶(jué)",就是人们常说的假死,原因是阳脉下坠,阴脉上争,使得气"闭而不通",所以"形静如假死"。于是扁鹊让学生子阳"厉针砥石,以取外三阳五会",就是研磨准备好针石,来刺治头顶的百会穴,不久太子就苏醒了。

三、阴阳五行助养生

中医认为,人体五脏分属五行,人的五大脏器之间彼此依存,相辅相生——肝生心就是木生火,肝藏血以济心;心生脾就是火生土,心之阳气可以温脾;脾生肺就是土生金,脾运化水谷之精气可以益肺;肺生肾就是金生水,肺气清肃则津气下行以资肾;肾生肝就是水生木,肾藏精以滋养肝的阴血。

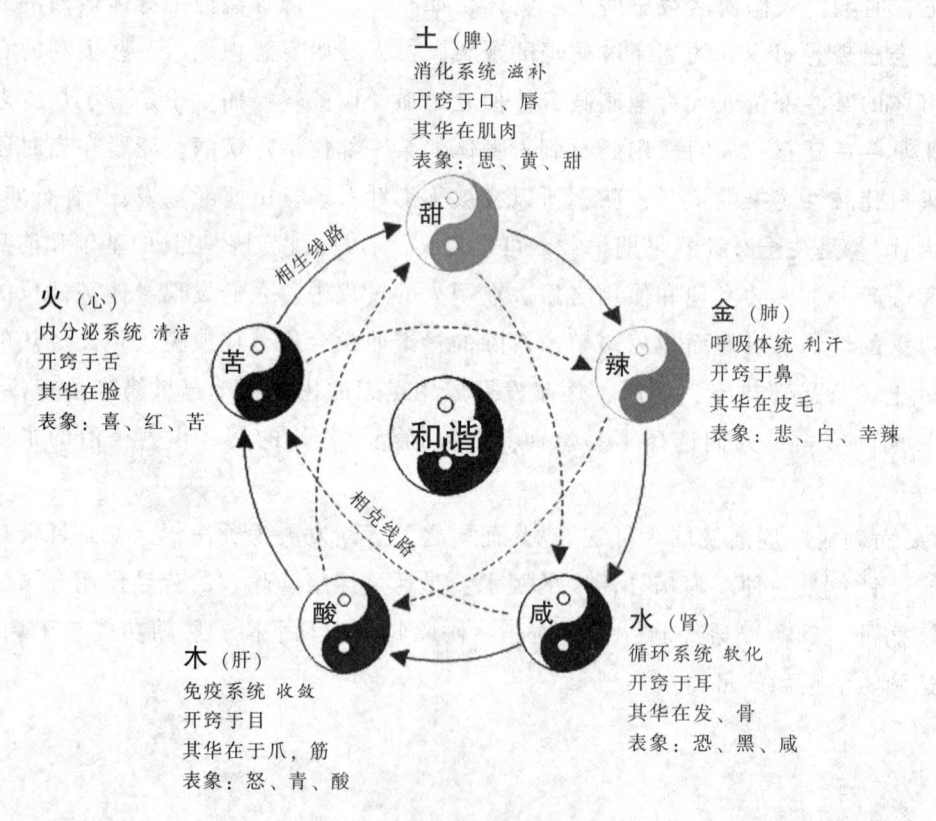

土(脾)
消化系统 滋补
开窍于口、唇
其华在肌肉
表象:思、黄、甜

火(心)
内分泌系统 清洁
开窍于舌
其华在脸
表象:喜、红、苦

金(肺)
呼吸体统 利汗
开窍于鼻
其华在皮毛
表象:悲、白、辛辣

木(肝)
免疫系统 收敛
开窍于目
其华在于爪、筋
表象:怒、青、酸

水(肾)
循环系统 软化
开窍于耳
其华在发、骨
表象:恐、黑、咸

五行五脏关系图

人与自然相互影响、相互作用，即"天人合一"。人体暑天多汗少尿，天寒少汗多尿的自动调节功能，是人与自然求得统一的生理活动的表现。所以养生之道应该法于阴阳，顺四时而适寒暑。现代人由于工作繁忙，生活的多姿多彩，很难做到起居有规律，所以人体保健与疾病治疗出现新的情况，中医价值更显宝贵。

"不治已病治未病"是早在《黄帝内经》中就提出来的防病养生谋略，是我国卫生界所遵守的"预防为主"的最早思想。唐代大医家孙思邈是位极重视治"未病"的医学家，他科学地将疾病分为"未病""欲病""已病"三个层次，"上医医未病之病，中医医欲病之病，下医医已病之病"。他反复告诫人们要"消未起之患，治病之疾，医之于无事之前"。他所著《千金要方》中载有一整套养生延年的方法和措施。此外，东汉华佗创五禽戏健身法，晋代葛洪强调气功摄生等，注重强身健体以预防疾病的经验也是很可贵的。

【疑问小思】
1. 请找出足三里、委中穴、列缺、合谷四个穴位。
2. 为何现代人的亚健康状态如此突出？

第四节　手工技艺：劳动人民的智慧

中国是世界公认的手工艺大国。中国的手工技艺历史悠久，源远流长，技术精湛，富有特色，社会人文内涵极为丰富。中国古代手工业的重要部门主要有纺织业、冶金业、陶瓷业、造船业、造纸业等。

一、手工技艺发展的前世今生

早在原始社会阶段，我国的一些部落、氏族就以擅长某种技艺著称。如原居今河南濮阳一带的昆吾族就善于制陶和冶铸，原居于河南辉县的共工氏善于治水，等等。

到了春秋战国时期，手工技术已达到很高的水平，像著名的越王勾践剑，埋在地下2000多年，至今表面花纹清晰、光彩照人。这一时期的《考工记》堪称"百工技艺之书"，是中国目前所见年代最早的手工业技术文献，全书记述了木工、金工、皮革、染色、刮磨、陶瓷等6大类30个工种的内容，几乎包括了当时所有的手工业部门。

秦汉以后，采取重农抑商政策，就目前所见，秦汉至唐之间还没有一部技术方面的专著。但从隋朝到唐朝，水利工程的修建日益普遍，这时出现了我国现存最早的水利专业法规《水部式》《敦煌水渠》。

上古时代人们就会养蚕缫丝，直到唐代，丝织业突飞猛进，出现缂丝技术。唐代陶瓷业成为独立部门，唐三彩是陶瓷烧制工艺的珍品。

宋元两代是我国科学技术繁荣昌盛的时期。宋代名窑众多，景德镇在此时声名鹊起。元朝的黄道婆推广"捍弹纺织"，被尊为布业的始祖。明代后期，棉布成为民众主要衣料。这一时期包括建筑、木工、陶瓷、酿酒、制糖、海盐、河工等都有代表专著。在笔记体著作中，北宋沈括的《梦溪笔谈》是一部伟大的科技著作，全书共600余条，其中有近200条是关于科学技术内容的，涉及学科广泛，一些成就在当时世界上是处于领先地位的。

> **【知识链接】《梦溪笔谈》**
>
> 北宋沈括的《梦溪笔谈》,是一部涉及古代中国自然科学、工艺技术及社会历史现象的综合性笔记体著作。英国科学史家李约瑟评价其为中国科学史上的里程碑。
>
> 沈括指出磁针"常微偏东,不全南也",这是世界上关于地磁偏角的最早记录,1492年哥伦布第一次航行美洲时才发现了地磁偏角,比沈括晚了400年。在西北地区对石油矿产进行的考察和研究,沈括首先使用的"石油"一词;沈括还曾经把北方靠近辽国地区的地形制成"木图"——地形模型图,这种立体地图的出现要比西欧早700余年。

明清时期,是我国工程技术和工艺技术典籍编著的鼎盛时期。这一时期,苏杭成为丝织中心。青花瓷、粉彩瓷器、珐琅瓷的出现,将制瓷业推向顶峰。郑和下西洋的航海活动促进了造船业的发展,关于造船、漆工、火器、园林、纺织、陶瓷、矿厂、水利等行业都有流传下来的书籍记载。在这些著作中,占有突出地位的是宋应星的《天工开物》。

> **【知识链接】《天工开物》**
>
> 明朝科学家宋应星的《天工开物》是世界上第一部关于农业和手工业生产的综合性著作,外国学者称它为"中国17世纪的工艺百科全书"。书中各章的先后顺序是根据"贵五谷而贱金玉"的原则作出的。作者在书中强调人类要和自然相协调、人力要与自然力相配合,它更多地着眼于手工业,反映了中国明代末年出现资本主义萌芽时期的生产力状况。

二、从鲁班谈起:能工巧匠的传承

鲁班是大工匠的典型。木工师傅们用的手工工具,如钻、刨子、铲子、曲尺,划线用的墨斗,据说都是鲁班发明的。而每一件工具的发明,都是鲁班在生产实践中得到启发,经过反复研究、试验出来的。《述异记》说鲁班制作的一只大石龟夏天能游到海里去,冬天可返回到山上。他发明的木鹊,可以连飞三天而不落地。这就难怪民间石匠、木匠都尊奉鲁班为本行业的祖师了。旧时木匠作坊为鲁班年年办"社",纪念庆贺,民间谚语中以"班门弄斧"而誉鲁班之绝巧,都说明了技工在历代群众生产生活中的重要地位。

实际上，早在鲁班之前，就已经有工匠神话的文献记载。《周礼·考工记》中介绍，当时木工生产行业有7种，造车的叫"舆人"，造轮的叫"轮人"，制弓的叫"弓人"，制戈戟木柄的叫"庐人"，制作古代木弯犁的叫"车人"，制作古代钟磬木架的叫"梓人"，只有盖宫室房屋及制作室内木器的才叫"匠人"，由此可见，我国当时工匠技术的发展已经相当可观。

工匠生产在我国古代民俗传承中，最伟大的智慧就是百工"五法"。《吕氏春秋·自知》里谈到巧匠时，总是引申出一些道理，而这些道理都是从"五法"中提炼出来的，如"欲知平直，则必准绳；欲知方圆，则必规矩"。这"五法"是什么呢？据《墨子》载："为方以矩，为圜以规；直以绳，衡以水，正以垂。"这"五法"体现了木工民俗特征的一个重要侧面。它们和木工的刃具使用法相结合，形成了木工民俗传承的最基本形态，代代师承，组成了木工行业的手工业集团。

《列子·汤问》中记有周代偃师为周王制作能歌善舞的"机器人"；《文士传》有张衡做木鸟，装上羽翼，腹内设机关，飞行数里；《三国志》载诸葛亮制造木牛流马。至于历代楼室、桥梁、用具的工巧技艺，在文献、口头上传颂得就更多了。

三、濒临消失的手工艺

传统设计的精髓在于它是手工文化，人与动物的分离就是从手开始的，重提手和手工的重要性是阻止人们迈向异化生活边缘的有效方式，是缓冲技术和文化不一致的最好手段之一。

1. 一个人的手艺——杭绣

传统的杭绣被称为宫廷绣，在最为鼎盛时期，掌握这门技艺的人总共不过300人。杭绣工艺很是繁琐，一幅作品要经过画稿、配线、描稿、盘金、盘银等数道工序。杭绣讲究金碧辉煌，雍容大气，而男工的绣品柔中带刚，刚柔并济，形成杭绣独有的艺术气息。但是因为做工考究而繁琐，技法耗时又耗力，潜下心来学这门手艺的人就特别难能可贵。

2. 中国建筑的灵魂——榫卯

中国建筑的外表雕梁画栋，连接结构上更是巧夺天工，但是不需要一根钉子，用到的都是榫卯结构。中国的榫卯结构早在7000年前的河姆渡时代就已经出现。中国传统文化中，榫为阳，卯为阴，两者组合讲究的就是一种阴阳平衡，内敛而中庸。这种中国最传统的手艺在木匠人的小玩意儿中体现得最为充分。

【知识链接】鲁班锁与鲁班枕

鲁班锁，也叫"瞎掰球"和"瞎掰方块"，是古人的智力玩具。一个严丝合缝的十字立方体，只有找到最核心的一根木条，整个立方体才能逐一拆解开。这需要木块内部的榫卯结构凹凸咬合，精准巧妙。

瞎掰，又叫鲁班枕。一块独木硬板只是通过锯、凿、刨这样的手法，完成后用手掰开，掰成功了就是一个能够折叠收放的小板凳；如果掰不成，就瞎了，还得重做。

鲁班锁　　　　　　　　　鲁班枕

3. 年文化的半壁江山——木板年画

桃花坞木板年画

作为中国"年文化"的代表，木版年画是中国人感受春节的方式。从10世纪的宋代开始计算，木版年画已经走过了千年的发展历程，这千年间的中国民间生活和民俗百态几乎都在木板年画之中。年画表现了中国普通老百姓的爱、欲、惧，读懂木板年画，就解开了中国人的情感密码。

【疑思小问】
1. 网上搜一下，中国非物质文化遗产名录中有哪些手工技艺传承项目？
2. 如何从手工技艺传承的角度解读工匠精神？

小　结

在漫长的农耕文明中，劳作者以他们的创造记录着历史，以他们平凡的伟业书写着人类的文明。他们对自己的工作都是兢兢业业，忠心耿耿。早在《诗经》中，就把对骨器、象牙、玉石加工形象地描述为"如切如磋""如琢如磨"，孔子在《论语》中对此十分肯定，朱熹在《论语》注中解读为"治之已精，而益求其精也"。在精益求精的基础上，中国古代工匠匠心独运，把对自然的敬畏，对作品的虔敬，对使用者的将心比心，连同自己的揣摩感悟，倾注于一双巧手，让中国制造独具东方风韵，创造了令西方高山仰止的古代科技文明。

重拾中国工匠精神不可一蹴而就，需要国家、企业、社会形成合力。中国古代工匠精神的形成有赖于传统文化的熏陶，也有赖于国家"物勒工名"等管理制度和严格的质量考核标准。

第八章
商业与交流：德润四方

第八章 商业与交流：德润四方

【图说】丝绸之路

丝路驼队

炎热的沙漠，一排驼队响着驼铃，浩浩荡荡地一路西行……这就是古代丝绸之路中常见的一个景象。古代祖先们前仆后继，把东方、西方、小亚细亚之间各个国家和地区之间的贸易通道延续至今，促进了世界各国文明的相互传播。纵观历史，不论是驼铃声声的漫漫丝路，还是气势浩荡的郑和船队，他们所体现出来的共同点是一种包容、开放的心态。在漫长的发展过程中，中国商业在德润四方的儒家文化的滋养下，逐渐形成了取之有道、诚实守信、艰苦奋斗的商业精神。

第一节　端木遗风：中国古代商业精神

商业处于社会再生产过程中的中介地位。从孔子时代的子贡开始，儒家的"经世致用"哲学在经济领域的成功运用，形成了源远流长的儒商精神。儒商精神在约束儒商自身诚信、重义的同时，也提高了儒商的信誉，促进了商业的繁荣和经济的发展。

一、中国古代商业的发展

中国人很早就学会了经商，而商朝人以善于经商著称。周武王灭商后，商朝遗民为了维持生计，东奔西跑地做买卖，日子一长，便形成一个固定职业。周人就称他们为"商人"，称他们的职业为"商业"。

货币作为商品交换的中介，它的产生和发展有着悠久的历史。我国最早的货币起源于商朝的贝币。随着商品交换的扩大，贝币的流通数量日益庞大。由于天然贝来源有限，不敷应用，于是出现了仿制贝。最初的仿制贝是石贝、骨贝、陶贝，以后便发展到用铜来制造，这就是铜贝，又称之为"蚁鼻钱"。铜铸币的产生，使古代货币进入了一个新时期。铜铸币的发展及其广泛流通是早期货币发展中的重大转折。这一时期流通的货币主要有四种——布币、刀币、环钱和蚁鼻钱。

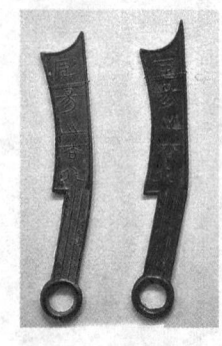

刀币 　　布币 　　环钱 　　蚁鼻钱

公元前221年，秦始皇统一中国后，统一了货币，统一的货币分黄金和铜钱两种，黄金为上币，以镒为单位，铜钱为下币，按枚使用，币面铸有"半两"二字，

表明每枚重量是半两，史称半两钱。

两汉时期商业获得了初步的发展，当时都城长安和洛阳，以及邯郸、临淄、成都等大城市都发展成为著名的商业中心。与以往不同的是，两汉又开通了陆上和海上两条丝绸之路，中外贸易也逐渐发展起来。从公元前118年汉武帝铸行"五铢钱"起，"五铢钱"在汉代盛行了四百年。东汉以后，三国、两晋和南北朝也基本使用"五铢钱"。

隋唐时期由于农业经济的发展、手工业的进步，尤其是隋朝开凿了贯通南北的大运河，商品流通的范围逐渐扩大，对外贸易也不断发展。唐朝前期陆上丝绸之路畅通无阻，出现商旅不绝的繁忙景象。公元622年，唐高祖李渊下令废除"五铢钱"，对钱币进行了一次重大改革，由此进入通宝钱阶段。

两宋时期的商业繁荣是全方位的，海上丝绸之路畅通无阻，政府还特别重视海外贸易。北宋时，东南亚、南亚、阿拉伯半岛以及非洲等，有几十个国家与中国进行贸易往来。南宋时，海外贸易更加发展，外贸税收成为国库财富重要来源之一。大约在宋真宗年间四川成都的16家商号制作一种纸券，名曰"交子"，代替铸币流通。这就是最初的纸币。

元代实现了国家的空前统一，促进了商业的继续繁荣。1276年，元世祖对币制进行了一次改革，收兑江南当时流通的纸币，全国的纸币就统一了。

明清时期出现了会馆和商帮，其中人数最多、实力最强的是徽商和晋商。城镇经济空前繁荣，许多大城市和农村市场都很繁华。其中北京和南京是全国性的商贸城市。国内贸易蒸蒸日上，对外贸易曲折多变。大明宝钞是明朝官方发行的唯一纸币，流通于明朝二百七十多年，后因滥发纸币，导致通货膨胀，民怨沸腾，正德年间废止。

【知识链接】徽州商人

徽州有经商的传统，徽州人很团结，注重互相帮助，并且崇尚节俭。经过几百年的经营，徽商积累起惊人的财富。徽商几乎"无货不居"，经营范围很广，但"首鱼盐，次布帛"，对食盐的经营尤为重视。徽商的兴起就是从经营食盐开始的。徽商经营盐业积累起商业资本之后，又扩大经营范围，经营茶叶、木材、粮食等行业，活动范围遍及全国各地，民间俗谚有"无徽不成镇"的说法。在海外诸国也留下他们的足迹，有"遍地徽商"之说。

纵观中国古代商业史，中国古代商业产生于先秦时期，初步发展于秦汉时期，到了隋唐时期有了进一步的发展。尽管有严重战乱或王朝政策导致的萧条衰落，但商业的发展与繁荣犹如九曲黄河向东流，是阻挡不了的经济趋势。

二、中国古代儒商典范

商业具有调剂余缺、互通有无的客观职能，此外它还能加强民族之间和睦相处，促进中外友好交流，而这种职能是由商人来执行的。在中国传统文化的影响下，形成了一批注重个人修养、诚信经营、有较高的文化素质、注重合作、具有较强责任感的商人，我们称之为儒商。

所谓儒商，简单地说就是"儒"与"商"的结合体，有广义和狭义之说。广义的儒商泛指一切有学识有道德的商人；狭义的儒商指信奉儒学的商人。一般认为，儒商应有以下特征：见利思义，取之有道；信奉儒学，修养道德；诚信为本，以和为贵；己达达人，博施济众。

1. 子贡

孔子开创了儒学，而子贡是他最优秀的学生之一，孔子门下，"七十子之徒，赐最为饶益"（《史记·仲尼弟子列传》）。可见，在中国历史上，把商和儒完美结合起来的人，无疑始于孔子的高足弟子端木子贡。

孔子在比较颜回和子贡时说："回也，其庶乎，屡空。赐不受命，而货殖焉，亿则屡中。"意思是说，颜回在道德修养上接近于完善了，却时常空乏贫穷。而子贡不接受命运的安排外出经商，对市场行情，却能预测得很准。可以看出孔子对子贡有褒也有贬，所以说他是"瑚琏之器"，意思是具有某方面专长的人。

子贡曾问孔子："贫而无谄，富而不骄，何如？"孔子曰："可也。未若贫而乐，富而好礼者也。"（《论语·学而》）这里，孔子对子贡的表现虽仍有更高的期许，但已基本满意。

子贡虽出儒门，却懂经商之术。子贡所处的春秋战国交替时期，是中国商业开始兴起并逐渐走向繁荣的时期。他遵循恩师的教诲，以诚信立身，以义制利，以义生利，躬身践行儒学精神。经商后他不忘回报社会，在普济众生的同时，无私资助孔子周游列国，极力传播儒家理论和政治主张，使孔子名满天下。

宋·佚名《孔子弟子像卷》局部

两千多年来，子贡在理财经商上有着卓越的天赋，一直被儒商尊崇为始祖，一直被民间敬祀为财神。《史记·仲尼弟子列传》亦载："子贡好废举，与时转货资……家累千金"，意思是子贡依据市场行情的变化，贱买贵卖从中获利，以成巨富。虽然子贡在经商上大获成功，但他在经商过程中始终坚持诚信原则，且把财富作为他实现理想抱负的工具，在得知老师孔子去世后，子贡从南方赶回来，把南方的楷树移栽到老师墓边，并在墓旁搭了一个茅棚，守孝六年。司马迁在《史记·货殖列传》中以相当的笔墨对子贡这位商业巨子予以表彰，肯定他在经济发展上所起的作用和仁义、诚信上的修为。因子贡复姓端木，所以这种诚信经商作风被称为"端木遗风"。

【知识链接】端木遗风

子贡"博施于民而能济众"，经常散发家财救济困窘。《吕氏春秋》中记述了"子贡赎人"的故事。根据当时鲁国法律规定，如果鲁国人在国外沦为了奴隶，有人出钱赎回来，事后可以找国家报销赎金，并且国家还要给予表彰。有一次，子贡到别国做生意，就赎了一些同胞回来，而没有去国家报销赎金，其"乐施"胸怀可见一斑。

2. 白圭

白圭，战国洛阳人，名丹，字圭，有"商祖"之誉，中国古代经商的代表人物。《汉书》称他是经营贸易发展生产的理论鼻祖，即"天下言治生者祖"。

白圭有一套独到的经商术，他把自己的经营原则总结为八个字"人弃我取，人取我与"。具体做法是在收获季节或丰年，农民大量出售谷物时，适时购进谷物，再将丝绸、漆器等生活必需品卖给这时比较宽裕的农民；而在年景不好或是青黄不接时，适时出售粮食，同时购进滞销的手工业原料和产品。而且白圭所说的"与"，是予人实惠，当某些商品积压滞销时，一些奸商坐待价格贬得更低再大量购进，而白圭却用比别家高的价格来收购；等市场粮食匮乏时，奸商们又囤积居奇，白圭却以比别家低廉的价格及时销售，满足人民的需求。白圭的这种经营方法，既保证了自己能够取得经营的主动权，获得丰厚利润，又在客观上调节了商品的供求和价格，在一定程度上保护了消费者的利益。这样就使全国的货物得到流通，既利于人民生活，又能从中赚取利润，可谓一举两得，利国又利民。

白圭是商业这个行业最早收授门徒的人，他通过严格的挑选，收了一些学生。白圭认为真正的商人，不应唯利是图，应当有"智、勇、仁、强"四种秉性：要通权变，能够权衡利弊，把握时机，出奇制胜；要勇敢果断，当机立断；要有仁爱之心，能够明白取予的道理，遵守"人弃我取，人取我与"的经营原则；还要有耐心，有毅力，能够固守等待，不轻举妄动。虽然商人在古代的地位是比较低的，但是白圭却将当时社会的最高道德规范来作为商人的基本素质要求，可见白圭所要求的商人是一个具有较高文化素养和高尚道德品质的人，这和他以仁为本的经营理念是相合的。这一经营准则，直到今天仍为商界广泛运用和提倡。

3. 范蠡

范蠡是春秋末期著名的政治家、军事家、经济学家和道家学者，被尊为"商圣"，民间敬为小财神，在商界常将他与子贡并提。

传说他帮勾践兴越国，灭吴国，一雪会稽之耻。功成名就之后急流勇退，后定居于定陶（今山东菏泽定陶），其间三次经商成巨富，三散家财，自号陶朱公。《史记》中载"累十九年三致金，财聚巨万"。但他仗义疏财，他赚了钱，就从事各种公益事业。他的行为使他获得"富而行其德"的美名，成为几千年来我国商人的楷模。世人誉之："忠以为国；智以保身；商以致富，成名天下。"有人把他的经商之道总结为：把握行情，人取我予；让货等人，待乏贸易；诚信经商，不求暴利；因地制宜，多种经营；注重质量，不图侥幸；尽散其财，富好行德。这是中国有记载的最早的慈善家。

【知识链接】 《陶朱公商训十二则》

一、能识人。知人善恶，账目不负。
二、能接纳。礼文相待，交往者众。
三、能安业。厌故喜新，商贾大病。
四、能整顿。货物整齐，夺人心目。
五、能敏捷。犹豫不决，终归无成。
六、能讨账。勤谨不怠，取行自多。
七、能用人。因才使用，任事有赖。
八、能辩论。生财有道，阐发愚蒙。
九、能办货。置货不苛，蚀本便经。
十、能知机。售宁随时，可称名哲。
十一、能倡率。躬行必律，亲感自生。
十二、能运数。多寡宽紧，酌中而行。

儒商文化，铸就了中国古代商业史的最辉煌篇章。在民间和商人中，"经商不让陶朱富，货殖当属子贡贤"的佳句至今广为流传。"陶朱事业，端木生涯"是古代儒商追求的最高境界。他们亦文亦商，仁爱立人，博学儒雅，乐于施善，使儒商成为中国特有的一种经济现象。

三、取之有道　重在信义

流传久远的儒家思想两千多年来一脉相承，影响国人的思维至深至远，形成了国人独特的行为方式和思维方式。从本质上来说，儒商精神强调的是"取之有道"，应该包括恪守信用、诚信为本、诚实不欺、利以义制、以义取财、仗义疏财等商业道德，强调要把诚、信、义、恕、让等伦理道德原则贯彻到从商经营之中去。

纵观中国古代儒商代表及商业史，中国古人的财富观、商业观可以用一句话概括："君子爱财，取之有道"。其实早在两千多年前，孔子在《论语》中就对如何获取财富有了明确的态度。他认为："有钱有地位，这是人人都向往的，但如果不用'仁道'的方式得来，君子是不能接受的；贫穷低贱，这是人人都讨厌的，但如果不是用仁道的方式摆脱，君子是不能接受的。君子一旦离开了仁道，还怎么成就好名声呢？"

"取之有道"的"道"是什么？其为合理之道，为仁义之道，更为诚信之道。无论贫富，一旦突破了"道"，那就违背了人立身的基础和原则。而小人和奸商为了"财"而撕破自己的脸皮，弱肉强食，尔虞我诈，为达目的就不择手段。这些人抛弃了自己的朋友、家人，甚至违背一个人的基本良知和信仰。

儒家思想强调"礼之用，和为贵"，传统的商业理念是"和气生财"；儒家强调"己所不欲，勿施于人""己欲立而立人，己欲达而达人"，无论是传统还是现代商业道德都强调站在顾客的立场上考虑问题，强调货真价实、童叟无欺，强调在顾客得到完美服务的同时得到商业利益。经典儒家教义强调为人必须"言必信，行必果"，而诚实守信则在任何时候都是一项基本商业道德。

以诚信为重，乃是儒商本色。对于君子而言，义是衡量是非善恶的标准，信人或以信待人，都与"义"同在。而对于商人来讲，又不得不提"利"字。何谓义？义者宜也。宜即合理之意，人的行为必须合理。义与仁、礼、智被儒家视为人之"四端"。对于义利关系，儒家认为："义然后取""见利思义"。商人经商赚钱谋利，途径必须来得合理，不能走歪路。只有讲求商德，重在信义，才能把生意做稳、做大、做活。

> 【知识链接】 晋商乔致庸
> 　　复盛西铺是山西一代晋商乔致庸家在包头的一大商号，主要经营粮油，不管是质量还是分量都有所保证。有一次，复盛油坊往山西运送一批胡麻油，经手的伙计为了从中谋利而在油中掺假。掌柜发现后，将伙计痛斥一番。凡是乔家人都知道，信誉连着财路，信誉没了，财路也就断了。掌柜命人倒掉整批掺假的胡麻油，重新换了货真价实的胡麻油。这个举动虽然让乔家损失不少，但是却为乔家赢得了守信的美名。从长远来看，这个举动足以为乔家吸引更多商户。乔家之信，不仅是信誉，还有信义，有这样的仁厚和诚信，乔家在商场博弈中才能胜券在握。

　　说到底，儒商与奸商的根本区别在于实行怎样的义利观，义在先，就是儒商；利在先，就是奸商，也就是"见利思义"和"见利忘义"的区别。经商重义，讲义必然也以信为重，信可以说是以义制利的一种外在表现。就经商来说，虽盈利是其目的，但"信义所孚，人不忍欺"，凡事以道德信义为依据，这才是"道"，才能通有无。因此中国古代的商业精神中，"取之有道"可谓吸收了传统文化之精髓，也是经商成功之奥妙所在。

【疑问小思】
1. 你如何理解"君子爱财，取之有道"这句话？
2. 用自己的话简单概括一下什么叫儒商。

第八章　商业与交流：德润四方

第二节　丝绸之路：商旅不绝 东西融合

丝绸之路是一条出现于公元前2世纪，连接中国与东西方的"国道"，也是整个古代中外经济及文化交流的国际通道。因为由这条路西运的货物中以丝绸之品影响最大，故得此名。"丝绸之路"一词最早由德国地理学家费迪南·冯·李希霍芬1877年在其著作《中国》提出。丝绸之路是沿线各国共同为促进经贸而发展的产物，张骞出使西域，被认为是开辟丝绸之路的标志。

一、张骞出使西域

张骞是汉武帝时期丝绸之路的开拓者。当时匈奴力量强大，征服了西域30多个小国，称霸西域，成为西汉王朝的重大威胁，也将中国向西的道路牢牢封死。张骞受命前往西域，寻找并联络曾被匈奴赶跑的大月氏，合力进击匈奴。张骞于公元前138年出陇西，经匈奴，被俘，后逃脱。西行至大宛，经康居，抵达大月氏，再至大夏，停留了一年多才返回。大月氏在阿姆河上游安居乐业，不愿再东进和匈奴作战。张骞虽未能完成与大月氏结盟夹击匈奴的使命，但却获得了大量有关西域各国的人文地理知识。这次出使西域，使生活在中原内地的人们了解到西域的实况，激发了汉武帝"拓边"的雄心，发动了一系列抗击匈奴的战争，削弱了匈奴的力量。

公元前119年，再次派遣张骞出使西域，这次张骞所到的地方更远。他还派副使访问了康居、大宛、大月氏、大夏、安息（今伊朗）、身毒（今印度）等西域各国，到了南亚、西亚以及地中海地区，足迹遍及十余个国家。

张骞两次出使西域，沟通了亚洲内陆交通要道，打通了通往西方的道路，与西欧诸国正式开始了友好往来，促进了东西经济文化的广泛交流，开拓了从我国甘肃、新疆到今阿富汗、伊朗等地的陆路交通，即著名的"丝绸之路"，完全可称之为中国走向世界的第一人。随后，汉武帝采取了一系列加强汉朝与西域联系的措施，鼓励汉朝人到西域经商。从此，西行道路上的驼铃声此起彼伏，不同文明之间的人员往来日益频繁，商品的交换空前繁荣，促进了东西方经济文化的广泛交流。

二、丝绸之路

"丝绸之路"是指起始于古代中国,连接亚洲、非洲和欧洲的古代陆上商业贸易路线。以西汉时期长安为起点,经河西走廊到敦煌,最初作用是运输中国古代出产的丝绸。丝绸之路是个形象而且贴切的名字,因为在古代,中国是最早开始种桑、养蚕、生产丝织品的国家。21世纪初中国各地的考古发现表明:自商、周至战国时期,丝绸的生产技术已经发展到相当高的水平。中国的丝织品迄今仍是中国奉献给世界人民的最重要产品之一。

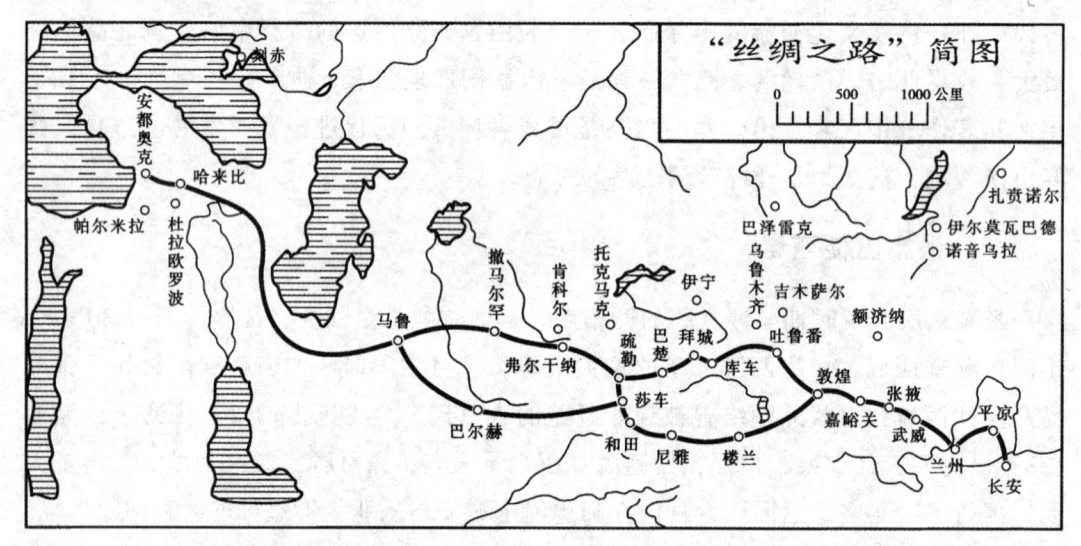

"丝绸之路"简图

【知识链接】丝绸的由来

中国有一个悠远的传说:远古时代,黄帝打败了蚩尤,"蚕神"亲自将她吐的丝奉献出来以示敬意。黄帝命人将丝织成了绢,以绢缝衣,穿着异常舒服。黄帝之妻西陵氏嫘祖便去寻找能吐丝的蚕种,采桑饲蚕。后世民间崇奉嫘祖为养蚕的蚕神,黄帝为织丝的机神。采桑养蚕与制丝织绸,便成了中国古代社会几千年的基本生产方式。

当丝绸沿着古丝绸之路传向欧洲,它所带去的,不仅仅是一件件华美的服饰、饰品,更是东方古老灿烂的文明,丝绸从那时起,几乎就成为了东方文明的传播者和象征。丝绸之路由丝绸而发端,但并不止于丝绸。开始的中西交流是由丝绸的魔力而引起的,后来慢慢由丝绸扩展到其他产品,并进而由商品交换扩大到了文化交流。

丝绸之路不仅是古代亚欧互通有无的商贸大道,还是促进亚欧各国和中国的友好往来、沟通东西方文化的友谊之路。历史上一些著名人物，如出使西域的张骞、投笔从戎的班超、"永平求法"的佛教东渡、西天取经的玄奘，他们的一些故事都与这条路有关。这条长约 7000 公里的漫漫长路是经过三百多年几代人的努力而形成的，历代多有维护及延用。

三、丝路文明

物质层面的丝绸之路已成为历史遗迹，而精神层面的丝绸之路至今是可供世人不断汲取营养的巨大财富。作为一个醒目的文化符号而巍然耸立的丝绸之路之所以能历千年而交流不断，是由于中国文化敢于并善于吸取世界文明的成果。从这一意义上讲，丝绸之路的开通与持续繁荣，又是中国文明的强大生命力、创造力和持久魅力的象征。

丝绸之路的出现，不仅将中国人的技术和文化传入西方，如印刷术、造纸术的传播，直接影响了这些国家文明的发展。同时中国人也通过这条文化通道输入了异域的艺术、文化、宗教等。因此，可以说丝绸之路的开拓促进了中国自汉朝到唐朝的文化开放的形成。汉唐盛世在文化上显示出开放、包容的态势，在当时社会的各个领域都呈现出涵容百川的景象。

丝绸之路最初以物品交换为主，同时带来了文化的大交流、大融合。以玄奘西行和鉴真东渡为代表，佛教、伊斯兰教、天主教等宗教文化通过不同的路线传入中国，中国化的佛教以及本土的儒教、道教也经丝绸之路向日本、朝鲜、东南亚地区传播。唐朝时，我国音乐、舞蹈、文学、艺术等领域融入了大量西方文化元素。

正是因为汉唐时期这种开放、包容的胸襟，兼收并蓄，海纳百川，所以这一时期的艺术真正呈现出姹紫嫣红、百花齐放的景象。

"丝绸之路"虽以丝绸贸易为开端，但其意义却远远超过了贸易的范畴。它把世界各地的文明古国如希腊、罗马、埃及、波斯和中国联系在一起；又把世界文化的发源地

胡旋舞

如埃及文明、两河流域文明、印度文明、美洲印加文明和中国文明等联系在一起，形成了一条连接亚、非、欧、美的大动脉，使这些文明经过大动脉的相互交流而放出了异彩，这也是我们推进"丝绸之路复兴"的历史基础。

【疑问小思】
1. 复述一下张骞出使西域的路线。
2. 谈谈丝绸之路在文化层面上的意义。

第三节　郑和下西洋：海上丝绸之路

一、云帆高张

继两汉万里黄沙的丝绸之路、盛唐天朝上国的远交近抚、两宋文人骚客的百花齐放、元代气势恢宏的金戈铁马之后，明代时中国的形象得到拓展，声望传递四海。英国学者李约瑟在他的《中国科学技术史》中这样写道："当世界变革的'序幕'尚未揭开之际，即十五世纪上半叶，在地球的东方，知道非洲东岸辽阔的海岸线，呈现出一幅中国人在海上称雄的图景，这光辉灿烂的景象，就是郑和下西洋。"郑和下西洋是中国古代规模最大、船只最多、海员最多、时间最久的海上航行，比欧洲多个国家航海时间早几十年。

从1405年到1433年的28年中，郑和奉明成祖朱棣之命，统帅舟师两万八，率领两百多艘海船，浩浩荡荡地从太仓的刘家港（今江苏太仓市浏河镇）起锚，至福州五虎门扬帆，穿越马六甲海峡，横渡印度洋，拜访亚非30余国。最后一次航行，在返航途中，郑和因劳累过度于宣德八年（公元1433年）在印度西海岸古里去世。郑和七次下西洋，前后30年，行程计以万里，到经地区，南至爪哇岛，北迄波斯湾和红海东岸的麦加，东至台湾，西达非洲东海岸、赤道以南。这场远航行动中，郑和船队每到一处，尊重当地风俗，以丝绸、瓷器、钱币、金银铜铁器皿等物馈赠当地国王、王室、大小首领等。同时，还与当地官方和民间开通互通有无的货物交易，因此得到了世人的广泛尊敬。郑和所到之处，很多遗址被精心保护，

郑和像

在印度尼西亚有三宝垄、三宝墩、三宝洞，在马来西亚有三宝山、三宝井。马来西亚、印度尼西亚、泰国、柬埔寨等国都有三宝庙。郑和做出了中国航海史上的空前壮举。

【知识链接】中国发现世界

　　英国前海军军官、海洋历史学家孟席斯出版了《1421年中国发现世界》一书，认为郑和船队先于哥伦布发现美洲大陆澳洲等地。1405年之后的28年之间，郑和七次奉旨率船队远航西洋，航线从西太平洋穿越印度洋，直达西亚和非洲东岸，途经30多个国家和地区。他的航行比哥伦布发现美洲大陆早87年，比达伽玛早92年，比麦哲伦早114年。在世界航海史上，他开辟了贯通太平洋西部与印度洋等大洋的直达航线。600年前，从1405年开始，在28年间，郑和率领中国大明皇朝的200多艘船航行在世界海域，造访各国。据哈佛大学的李约瑟博士估计，1420年间中国明朝拥有的全部船舶，应不少于3800艘，超过当时欧洲船只的总和。无论航行在什么地方，郑和率领的大明皇朝船队在当时都是唯一强大的、不可挑战的力量。

　　后人发现的《郑和航海图》是世界上现存最早的航海图集。海图中记载了530多个地名，最远的东非海岸有16个，图中对一些重要城市、岛屿、航海标志、滩、礁、山脉和航路等作了详细记载。这是当时世界上最先进的航海图，正是这套航海图，引领着郑和船队在惊涛骇浪中驶向一个又一个目的地。

二、宣德化　柔远人

　　明成祖在外交上积极推行对外开放的睦邻友好政策。除了坚持"厚往薄来"的精神外，永乐一朝积极推行"宣德化而柔远人"的和平友好外交政策。因此，郑和远航之行的目的是不仅要将中华民族文明远播于海外，更吸收了外来文化的有益成分，所谓"恒遣使敷宣教化于海外诸国，导以礼义"（明·天妃宫碑文），加强与海外各国的文化联系。明成祖派郑和下西洋有两个目的，一个是彰显大明帝国的强盛，另一个是建立明成祖理想中的天朝礼制体系，与远近各国实现相互尊重，共享太平之福。明成祖要郑和每到一处都要向当地国王宣传自己的外交准则，即天朝礼制体系："祗顺天道，循礼安分，毋得违越，不可欺寡，不可凌弱，共享太平之福。"（《郑和家世资料》）这一体制其实就是儒家天下为公的治国理想，在国与国之间推崇相互尊重，反对强权，保持和平的外交准则。

　　郑和下西洋被誉为"超前轶后之奇举"，远远超过将近一个世纪之后的葡萄牙、西班牙等国的航海家，如麦哲伦、哥伦布、达伽玛等人，堪称是"大航海时代"的先驱，是唯一的东方人，更是比马汉早五百年提出"海权论"。这场远航行动凝聚并体现了中华民族开放进取、和平友好、交流合作、经略海洋和敢为天下先的精神，也使中华民族的声望远播海外，促进了与亚非国家人民的友好交往。

三、开拓海洋，促成东南亚贸易圈

郑和这一壮举完成了大明帝国"宣教化于海外诸番国，导以礼仪，变其夷习"的使命，传播了先进的中华文明，进一步加深了东西方文化交流，同时促进了亚非地区的繁荣和发展，维护了地区的稳定与和平。郑和时代的中国，真正承担了一个文明大国的责任：强大却不称霸，播仁爱于友邦，宣召颁赏，厚往薄来。

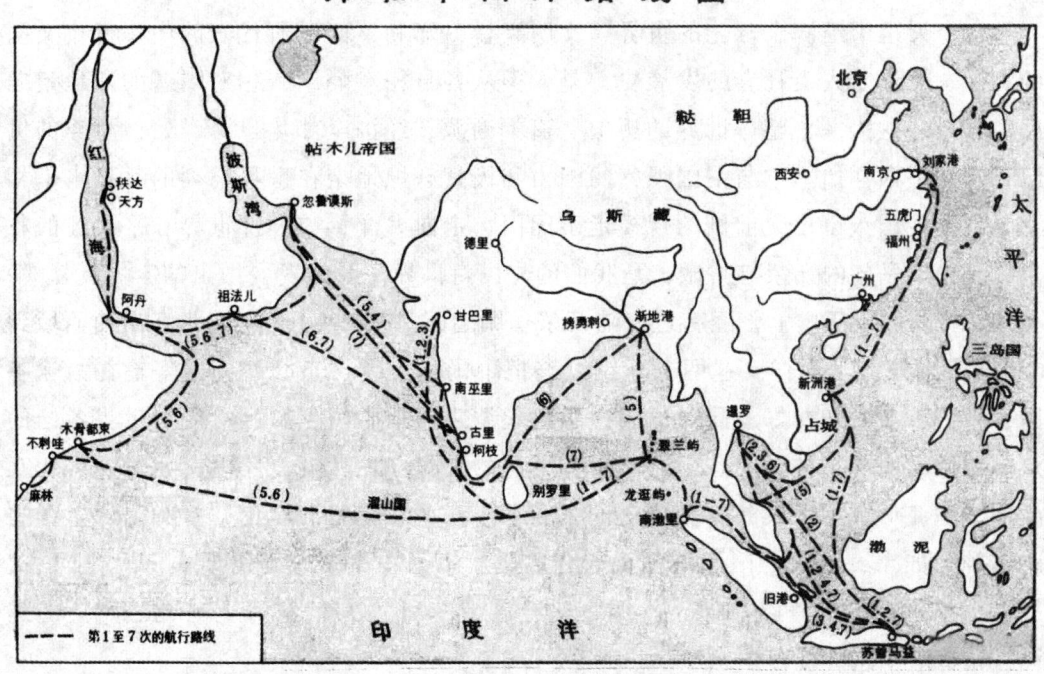

郑和下西洋路线图

除此之外，这一壮举还将中国古代的海洋事业推向发展高峰，同时对东南亚商贸圈的形成做出重要贡献。

郑和下西洋前的东南亚地区，整个局面还处于分裂状态，经济交流和贸易往来十分稀少。而作为海上交通要道沟通东西方的马六甲海峡地区还未繁荣。郑和承担明朝政府赋予的关于扶持马六甲王国的历史重任，率领船队，先后五次到达马六甲地区，宣告马六甲王国的正式建立，并展开了频繁和密切的经济交流。马六甲地区的兴起，带动了东南亚地区的经济交流和贸易往来。马六甲逐渐成为东南亚地区一个经济发达的港口城市，并且不断加强与东南亚内部各地区的经济交流，从而逐渐形成了东南亚贸易圈。

郑和远航的成功，标志着海上丝绸之路发展到了极盛时期。这一壮举揭开了世界大航海时代的序幕，是中国拥抱外部世界的象征。人类历史发展到15世纪初，随着科技的发展，海上运输日益显示出比陆上运输更大的优越性，贸易的需求使海上丝绸之路成为各国的共同愿望。郑和七下西洋这一古代航海史上空前绝后的壮举，以积极进取的开拓精神，为人类交往打破相对分散和隔绝状态，迈出了从陆上向海上转折的重要一步，完成了中国对外交往从陆路向海路的重大转折，形成了史无前例的中国人走出国门、走向海洋的态势，更推动了人类文明互动中心从亚欧大陆转移到海上，在海上形成了一个新的文明互动中心，东南亚在海上奇迹般地凸显了作用，东西方交往进入一个崭新的发展阶段，为15世纪末东西方文明在海上汇合、一个整体的世界形成于海上奠定了基础，从而揭开了全球化的序幕。

在今天这个经济全球化的世界，文明兴盛，郑和下西洋所代表的中华古代文明的辉煌，见证了人类社会的发展史，是人类从各自相对隔绝、相对闭塞的陆地走向海洋，最终融为一个整体世界的历史。追本溯源，经济全球化自海洋始，海洋的世纪自郑和下西洋始。它与中国强盛的国力和极其辉煌地走在世界前列的科技水平相联系，是中国人以史无前例的规模走出国门、走向海洋，与外部世界和平交往的壮举，是中华民族的光荣与骄傲，是我们的先民对世界文明的发展做出的巨大贡献。

众所周知，历史上曾经有过海陆两条丝绸之路。从2100多年前张骞出使西域到600多年前郑和下西洋，这两条丝绸之路把中国的丝绸、茶叶、瓷器等输往沿途各国，带去了文明和友好，同时也因这两条丝绸之路，中国了解和接受了世界各国的众多物质文明和精神文明。千百年来，不同的文化在古丝绸之路上交相辉映、相互激荡，积淀形成了世人共知和推崇的"和平、开放、包容、互信、互利"的丝绸之路精神。如今，随着中国经济的崛起和腾飞，中国在更多方面需要实施"走出去"战略，推进"一带一路"即"丝绸之路经济带"和"21世纪海上丝绸之路"的建设，正适应了这一战略构想。

【疑问小思】

1. 郑和下西洋和哥伦布航海的异同点。
2. 说一下现代的"一带一路"的主要内容。

小　结

　　孔子曰："人而无信，不知其可也。"诚实守信不仅是中国的儒商精神中重要组成部分，更是中华民族的传统美德、人类交往的基本原则。大学生是社会主义现代化建设的后备军，是祖国的未来和希望，时代要求他们必须具备诚实守信的道德品质。为了实现自己的人生价值，当代大学生要从自己做起，从现在做起，加强自身的道德修养，学习和借鉴儒商精神，做诚实守信的好公民。

　　"一带一路"战略构想强调相关各国打造互利共赢的"利益共同体"和共同发展繁荣的"命运共同体"。这一跨越时空的宏伟构想，顺应了和平、发展、合作、共赢的时代潮流，赋予了古老丝绸之路以崭新的时代内涵。对于我们当代大学生来说，也为未来发展指引了新的方向。

第九章
民俗与风情：约之以礼

第九章 民俗与风情：约之以礼

【图说】 清明上河图

北宋·张择端《清明上河图》局部

《清明上河图》是一幅极具历史价值的风俗长卷。北宋画家张择端通过对清明时节都城汴梁（今开封）和以虹桥为中心的汴河两岸各阶层人物活动情景的描绘，广泛而细致地描写了各种复杂的社会形象和民俗风貌，表现了北宋时期的饮食、衣饰、节日、社会等方面的民俗与风情。

第一节　姓氏称谓：寻根溯源

中华姓氏源于上古时期，延续至今，在漫长的历史发展过程中，姓氏的起源、发展、传承形成了独具民族特色的文化符号，构建了博大精深的文化体系。中华姓氏上下五千年，在《中国姓氏大辞典》中共收录了23813个姓氏，除了庞大的姓氏之外，在古代往往还有名、字、号等符号，它们也都蕴含了非常丰富的文化意义。

一、人生符号：姓、氏、名、字、号

姓名是一个人最基本的社会存在的符号，也是人与人之间彼此认识沟通的基本工具之一。"姓"从"女"从"生"，在母系氏族时期，人们往往知其母而不知其父，母亲在家庭中占有绝对主导地位，因此姓是基于母系血统，一个始祖母所繁衍的后代即视为同姓。中国最早的姓氏如"姬""姜""嬴""姒""姚"等，都带有女字旁，反映了上古时"姓从生"的现象。除了"因生以赐姓外"，姓还来源于图腾崇拜。

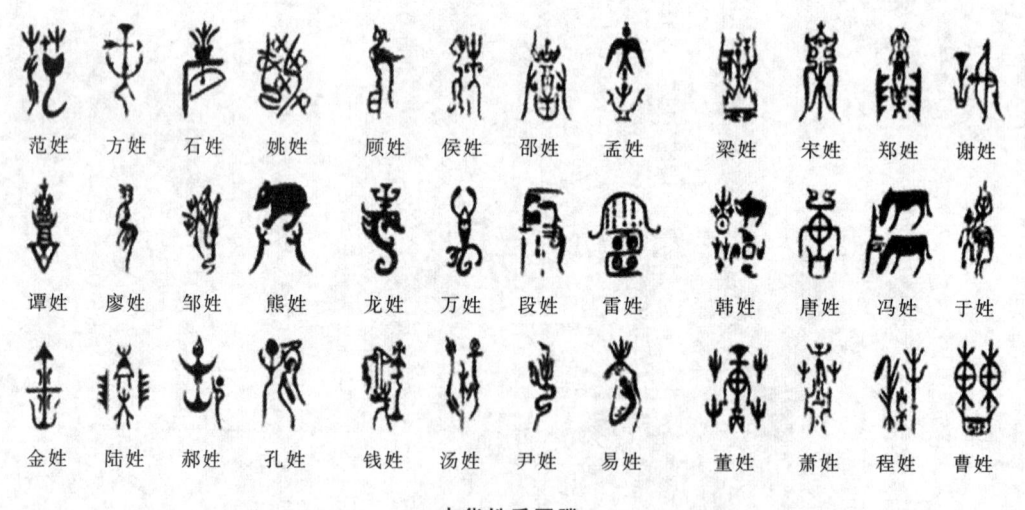

范姓	方姓	石姓	姚姓	顾姓	侯姓	邵姓	孟姓	梁姓	宋姓	郑姓	谢姓
谭姓	廖姓	邹姓	熊姓	龙姓	万姓	段姓	雷姓	韩姓	唐姓	冯姓	于姓
金姓	陆姓	郝姓	孔姓	钱姓	汤姓	尹姓	易姓	董姓	萧姓	程姓	曹姓

中华姓氏图腾

"图腾感生，演化为姓"是近代颇为流行的一种观点，认为中华民族古姓起源于原始的图腾崇拜。

氏则来源于男性，随着人类的繁衍发展，以及财富继承的转变，原始社会由母系氏族过渡到父系氏族时代，在氏族不断分裂的过程中，为了区别于原氏族的地位，就需要对新的氏族重新命名，这就产生了"氏"。中国古代的轩辕氏、神农氏、伏羲氏、燧人氏这些神话传说中人物的称谓，也反映出父系氏族出现了"氏"。"氏"的最主要的作用是体现人的贵贱，在古代只有贵族的男子才有氏。战国时期由于氏族的势力逐渐瓦解，至秦汉时期姓与氏逐渐合二为一。

名即孩子出生后由父亲或长辈取名，《礼记·檀弓》："幼名冠字"，意思是幼年时的称呼叫名，弱冠以后称字。名是一个人在成年之前的称呼，古人的名主要用于自称。而随着时代的发展，名又有了创新性的使用方式，例如笔名、艺名等。

字是人成年后步入社会的称呼，在男子举行冠礼时由族中长辈取字，以示作为成年的标志。在古代只有贵族或士族才有字，寻常百姓是没有字的。古人的名和字的称呼，是由特定场合决定的，不能随意乱用。只有长辈对晚辈、尊者对卑者可以直呼其名。平辈以及朋友之间相互称字。同时尊长对于卑幼者，为了表示自身的谦虚也可以直接称呼对方的字。字一般是对名的进一步解释，例如孔丘，字仲尼，仲尼就是对丘的进一步解释；张衡，字平子，这表明其字与名的关系是意义相同或相近；也有意义相辅的，例如白居易，字乐天，"乐天"方能"居易"。

号是一种固定的别名，又称别号。古代的文雅之士往往以自己的居处、境遇、志趣等给自己取号。号多是自己取的，也有别人赠与的，能够表达自己的思想情趣，因此被人称号时，也是对此人的尊敬。如李白，号青莲居士；甚至有些人的号比本人的名字更响亮，如陆游，号放翁，后人常称其为陆放翁；柳宗元出生在河东，后人称其为柳河东，又因为他曾在柳州做过刺史，又称其为柳柳州。

二、历史记忆：姓氏的传承

姓氏作为家族血缘传承的纽带，同时受到宗族社会、姓氏迁徙、民族融合等因素的影响。姓氏是人类社会区分群体、族别的标志，最能体现这种血亲关系的文字记载就是家族的族谱。族谱，也叫家谱、家乘、世谱，是记载一个家族世系繁衍、迁徙及重要人物事迹的书。

在较为正规的族谱中，都会在姓氏的前面冠以"郡望"，在姓氏之后标明"堂号"，使人一看便知该姓氏的起源发祥之地，族属传播的基本脉络。因此"郡望""堂号"是追溯家族渊源的必备常识。"郡望"是专指某些地域某一名门望族的习惯用语，"堂号"本意是厅堂、居室的名称，由于古代同姓族人多聚族而居，堂号就成为了这一同姓族人共同的徽号，是表明一个家族源流世系，区分族属、支派的标记，是敦宗睦族的符号标志。

【知识链接】孔子世家谱

《孔子世家谱》原为手抄本，北宋元丰三年（公元1080年）孔子第46代孙孔宗翰感到抄本易散失，于是创修了孔氏家谱，首次刻版印刷，刊装成帙，分藏族内。明孝宗弘治二年（1489），孔子第61世孙孔弘干重修家谱，并规定以后孔氏家谱60年一大修，30年一小修。清顺治十一年（1654），第66代嫡孙孔兴燮曾修甲午小谱。在此基础上，孔子第64代孙孔尚任认为司马迁在《史记》中已经将孔子列入"世家"，于是孔尚任改《孔氏族谱》为《孔子世家谱》，这是孔氏家谱第一次定名为世家谱。此后，《孔子世家谱》就成为孔氏家谱的固定名称。孔氏族谱是中国传续最长久也最完备的族谱。

迁徙的流布、支派的繁衍，也是中华姓氏发展演变的重要途径，在数千年历史长河中，由于改朝换代，封建割据，为寻求自身的发展，大的姓氏集团不断分化、繁衍，不同的姓氏家族出现了地域的流转。姓氏迁徙有两大特征：一是以河南、河北、山西、山东、陕西等中原地带向四周辐射，反映了姓氏起源多在中原地带。二是姓氏迁徙的总趋势是由北向南，主要原因是北方中原地区经济较为发达，人口相对稠密。

山西洪洞县大槐树

据文献记载，山西洪洞大槐树移民多为有组织的官方移民，始于金初天辅年间（公元1117—1123），延至清代乾隆时期（公元1736—1795），历经金、元、明、清四个朝代，时间跨度达六百余年。现在，洪洞在大槐树处建有古槐公园。

> 【知识链接】《百家姓》
>
> 《百家姓》是一篇关于中文姓氏的文章，成文于北宋初。《百家姓》采用四言体例，对姓氏进行了排列，而且句句押韵，原收集姓氏411个，后增补到568个，其中单姓444个，复姓124个。《百家姓》因为形成于宋朝的吴越地区，故而宋朝皇帝的赵氏、吴越国国王钱氏、正配孙氏以及南唐国主李氏居于百家姓前四位。

三、姓氏文化：意蕴绵延

中国是世界上最早采用姓氏制度的国家，中国人的姓氏不仅是个体社会存在的标志，也与政治密不可分。

秦嬴政于公元前221年建立了中国历史上第一个统一的中央集权制国家，之后秦始皇创设了皇帝的称号，从此皇帝作为封建王朝最高统治者的专称，一直延续至清王朝。帝王还有尊号、谥号和庙号，尊号是臣子对在位皇帝的尊称。谥号是指帝王或者高官显贵去世后给予的褒贬善恶的称号。庙号是指皇帝去世后受后世祭祀的庙宇称号。

北京太庙

太庙是中国古代皇帝的宗庙。太庙在夏朝时称为"世室",殷商时称为"重屋",周时称为"明堂",秦汉时起称为"太庙"。最早太庙只是供奉皇帝先祖的地方,后来皇后和功臣的神位在皇帝的批准下也可以供奉在太庙。北京太庙始建于明朝永乐十八年(1420年),是根据中国古代"敬天法祖"的传统礼制建造的。

除此之外皇室成员还有陵寝之号,是皇帝去世后坟墓的专用称呼。如汉高祖的陵号为"长陵",汉武帝的陵号为"茂陵"等。

名讳也是中国称谓习俗中特有的一种制度。名讳起源于周代,规定臣民子孙对当代帝王和尊亲不得直呼其名,在言谈和书写时必须设法避开或改字、空字等。名讳分为国讳和家讳。国讳是指皇帝、皇后以及皇族的名讳需要举国共避。家讳是指对家族内部长辈名字的避讳。古代的中国人最重视"天、地、君、亲、师",名字的避讳也体现了人们对伦理道德的重视。

【疑问小思】
1. 孔子为什么姓孔?
2. 查找姓氏文化的资料,简述本人姓氏的起源。

第二节　民间风俗：岁月烙印

　　民间风俗是民众生活、家族礼俗以及社会习俗共同构成的。在个人生活的层面，人们要经历人生"四礼"，在家族层面，家族的延续与荣辱需要家风、家训的规范。在社会层面，节日民俗是各民族劳动人民在长期生产和生活实践中逐步积累的文化传统，这些民间风俗是中国传统文化独特的标识符号。

一、循循之礼：人生洗礼

　　人生"四礼"指诞生礼、成人礼、婚礼、丧葬礼，是人一生中几个重要阶段所经历的仪式和礼节。

　　诞生礼是人生的开端仪礼，庆贺生子的习俗中，首先是"报喜"，先秦时期就有"弄璋""弄瓦"之说。璋指美玉，代表男子；瓦指土器，代表女子。故此，生男叫"弄璋之喜"，生女叫"弄瓦之喜"。婴儿在出生后的第三天通常要举行洗浴庆贺的仪式，谓之"洗三"；婴儿在满月时要举行"满月礼"；满月之后的一百天还要再为婴儿举行"百岁礼"；周岁时，要举行"抓周礼"。

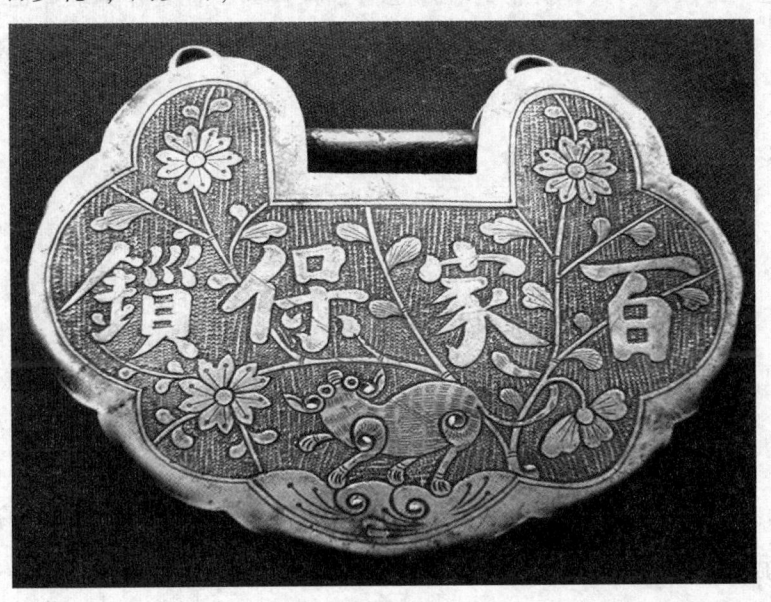

银制百家锁

181

百家锁，和百家衣性质相仿，汉族育儿习俗，流行于多个地区。由小孩的家人向一百户人家讨来钱，为小孩打一把银质的锁，上面铸有"长命富贵"等字。这种习俗在民间广为流传，寄托了父母对子女的祝愿。

成人礼是中国古代的成年礼，男子行冠礼，女子行笄礼。"冠礼"指男子二十岁时加冠转入成年阶段的礼仪，刚刚达到加冠的年龄，因为身体发育还没有完全成熟，通常称为"弱冠"，也为日后的婚礼做基础。"笄礼"是女子的成人礼仪，女子到十五六岁时，在头顶上盘起发髻，用发簪插住，表示成年。

婚礼，古代婚姻最主要的是"媒聘婚"，即经过明媒正娶的婚姻形式。旧时婚姻礼俗包括：①"纳彩"，男方请媒人带礼物到女方家说亲，接受礼物同意议婚，不同意则拒收礼物；②"问名"，主要合男女八字，占卜婚姻的吉凶；③"纳吉"，若八字相合确定两家可以成婚，俗称"小订"；④"纳征"，向女方送聘礼；⑤"请期"，男家择定合婚的良辰吉日，请媒人带礼物告知女方，如女方同意则按期迎娶；⑥"亲迎"，即结婚典礼，由新郎奉父命去女方家迎娶。最初迎亲的车马、队伍以及新郎的服装颜色均是黑色，并且在黄昏之时举行婚礼。后来黑色的习俗被红色代替，婚礼时间也改到上午举行。明清时期的婚礼程序一般是：铺毡、传袋、跨鞍马、拜堂、入洞房、合卺、结发、坐帐、闹洞房。

葬礼是人最后的"脱离仪式"，我国古代以孝为本，所以很重视丧葬之礼。我国民族众多，葬式繁复，但在我国大多数地区和民族还是以土葬为主。以土葬而言，各民族各地区的风俗与具体葬俗的程序也有较大差异，但是作为葬礼的基本主题却基本相同：表现生者对死者的哀悼，怀念死者生前的功德，超度亡灵，通过信仰以及禁忌仪式寄托生者对死者的美好愿望。

二、家风传承：正风良俗

家世，一般是指家族的世业或门第、门祚等代表的社会地位，所谓"将门之后""官宦之家""书香门第"等都是针对家世而言的。这种影响往往表现在两个方面：一是家世受到社会舆论的肯定，而获得社会的支持与赞誉；二是家世受到社会舆论的否定，而遭到社会的鄙视与指责。家世对家族后世成员的影响重大而深远。

家风，是在一个家族的族长及主要成员的影响下自然形成、潜移默化的传统习惯和生活作风，通常又被称为门风。在我国古代家族中十分重视家风，像《颜氏家训》里的风操篇，是专门讲述维护封建家族门风的著作。好的家风对家族的健康发展有极大的积极影响，同时也是影响社会整体风气的主要因素。

六尺巷

清康熙年间，安徽桐城的张、吴两个显贵人家因宅基地发生争执。张家写信给在京时任礼部尚书的张英，请他出面帮忙。张英回信道："一纸书来只为墙，让他三尺又何妨。长城万里今犹在，不见当年秦始皇。"张家遂退让三尺。吴家有感于此，也退让三尺，于是便形成了一条六尺宽的长巷。从此，这条邻里相互礼让的"六尺巷"传为美德。

家教，是家族长辈对幼辈子女的教育所形成的惯俗，是教养子女保证世系相续成才的主要手段。在我国的家教中历来以育德为首，这是家长教导子女如何成人的关键一课，也为子女的成才打下坚实的品德基础。封建时代的育德多侧重于伦理道德以及礼法的教育。

【知识链接】《朱子家训》

《朱子家训》又名《朱伯庐治家格言》，是明末清初著名理学家、教育家朱柏庐的代表作。全文522字，对仗工整，朗朗上口，内容丰富，通俗易懂。该文以修身、齐家为宗旨，集儒学为人处世智慧之大成，问世以来，迅速流传全国，成为清代至民国启蒙教育的必读教材。其中很多经典名句流传至今，如："一粥一饭，当思来之不易；半丝半缕，恒念物力维艰"，"祖宗虽远，祭祀不可不诚；子孙虽愚，经书不可不读"等。另有宋代朱熹的《紫阳朱子家训》。

家法，也称家约、家规，通俗地说，就是一个家族内部的"法律"，主要用于惩戒违反家族规定的族内成员。俗话说："国有国法，家有家规"。

三、中国节典：共沐节庆

1. 中国年：春节

春节即农历的正月初一，旧称为元旦、元日、新年等，从农历的正月初一开始，至正月十五结束。新中国成立以后，将正月初一正式定名为春节。春节的习俗定型于汉代，到南北朝时期，习俗更加丰富多彩，燃爆竹、换桃符、饮屠苏酒等活动都已出现。到唐代，庆祝习俗逐渐从祭祀、祛祸的神秘气氛转向以礼仪活动、游艺娱乐为主。春节成为了中国百姓普天同庆的第一大节。

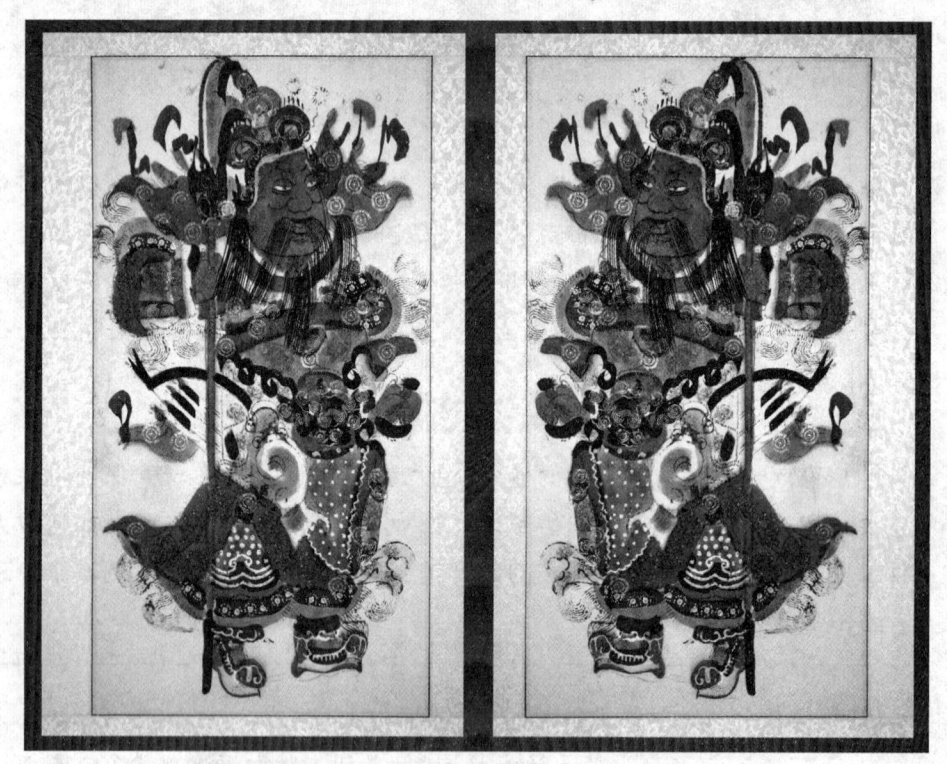

杨家埠门神画

年画是中国画的一种，始于古代的"门神画"，清光绪年间，正式称为年画，是中国汉族特有的一种绘画体裁，也是中国农村老百姓喜闻乐见的艺术形式。大都用于新年时张贴，装饰环境，表达祈福、驱邪、庇佑之意。最早的门神为神荼、郁垒，后来增加了秦琼、敬德、钟馗、卫青、霍去病、哼哈二将军。

春节的习俗大致可分为三部分，每一部分的活动中又由若干个小的节俗活动构成。忙年的习俗活动主要包括吃腊八粥、祭灶王、扫尘、备年货、年底"洗疚疾"、装饰门户等。团年守岁的活动主要包括年夜饭、压岁钱、守岁等。新年庆贺活动主要包括爆竹迎新、天地祭祖、着新衣、贺年拜年、祭财神等。

2. 清明节

"清明"是二十四节气中的第五个,《岁时百问》说:"万物生长此时,皆清洁而明净,故谓之清明。"清明时气候转暖,雨量增加,农民着手安排春耕生产,所以民间有"清明前后,点瓜种豆""植树造林,莫过清明"的谚语。后来清明节,演变为以祭祖、扫墓和踏青为主的重要民俗节日。唐代诗人杜牧为后人留下了千古名篇《清明》:"清明时节雨纷纷,路上行人欲断魂。借问酒家何处有,牧童遥指杏花村。"生动地描写了清明节民俗。

【知识链接】:二十四节气

春雨惊春清谷天,夏满芒夏暑相连,
秋处露秋寒霜降,冬雪雪冬小大寒。
二十四节气:
立春、雨水、惊蛰、春分、清明、谷雨,
立夏、小满、芒种、夏至、小暑、大暑,
立秋、处暑、白露、秋分、寒露、霜降,
立冬、小雪、大雪、冬至、小寒、大寒。

3. 端午节

"端"在此处的意思是开端、初始。按古历法,五月是"午"月,因此称"端午"。另外,每个月有初五、十五、廿五三个"五"日,第一个"五"日便称为"端五"。另据《荆楚岁时记》载:五月为仲夏,仲夏登高,顺阳在上,仲夏的第一个午日是登高顺阳的吉日,所以又称"端阳节"。端午节最初为古代百越地区(长江中下游及以南一带)崇拜龙图腾的部族举行祭祀图腾的节日。后因战国时楚国的屈原在这一天投汨罗江,统治者便把这一天作为屈原的纪念日。另外,部分地区还有纪念伍子胥、曹娥等说法。

端午节的主要习俗有赛龙舟,吃粽子,喝雄黄酒,门楣挂菖蒲、艾蒿等。2006年被列为首批国家级非物质文化遗产,2009年被列为世界非物质文化遗产。

除中国外,韩国、朝鲜、日本、越南、新加坡等深受汉文化影响的国家也有端午节。

4. 中秋节

中秋节是每年农历八月十五。农历秋天指七、八、九三个月，因八月处于"三秋"的中间，十五日又处于八月的中间而得名。另因为八月为秋天的第二个月，故又称"仲秋"。另外，还有月夕、秋节、八月节、团圆节等说法。

"仲秋"一词最早见于《礼记》："仲秋之月养衰老，行糜粥饮食。"关于中秋节的来源，一说源于古帝王祭祀。《礼记》载："天子春朝日，秋夕月。""夕月"就是祭月亮。一说源于农业生产。《说文》："秋，禾谷熟也。"魏晋乐府中就有"仰头望明月，寄情千里光"的描述。《唐书》有"八月十五中秋节"的记载，传说唐玄宗梦游月宫后，中秋习俗开始形成。到了宋代，正式固定为节日，流行至今。

中秋节的主要习俗有赏月、拜月、吃月饼、饮桂花酒，江浙一带有观潮的传统。现在，中秋节的主题越来越集中在"团圆"上。中国有很多关于中秋的传说，如嫦娥奔月、吴刚折桂、玉兔捣药、玄宗梦月等。古人更是为我们留下了很多吟咏中秋的诗词歌赋。

> 【知识链接】苏轼·水调歌头
>
> 明月几时有，把酒问青天，不知天上宫阙，今夕是何年？我欲乘风归去，又恐琼楼玉宇，高处不胜寒。起舞弄清影，何似在人间。
>
> 转朱阁，低绮户，照无眠。不应有恨，何事长向别时圆。人有悲欢离合，月有阴晴圆缺，此事古难全。但愿人长久，千里共婵娟。

【疑问小思】

1. 人生仪礼的民俗表现形式有哪些？
2. 根据你个人的成长环境，谈谈良好的家风应具有哪些内容？
3. 列举你家乡特有的节日习俗。

第三节　服饰习俗：五彩生活

中国服饰形制、服饰艺术以其独特的魅力为世人瞩目。历代服饰既反映了一代经济发展程度和科学技术水平，又体现了人们的思想观念和生活情趣。统治者制定服制以区别关系的亲疏、地位的尊卑，用服饰的质地、款式、图纹、色彩划分贵贱等级。民间百姓以服饰装扮区别男女、婚否、人际关系、日常生活和礼仪生活。不同地域各民族相异的社会习俗和审美观念，使服饰具有鲜明的民族特征，并使得服饰千姿百态、异彩纷呈。

一、服饰文化

中国自古便有"衣冠王国"之称，孔子说："君子不可以不饰，不饰无貌，无貌不敬，不敬无礼，无礼不立。"服饰是一种礼的象征，服饰的安排及规定并非是形式上的一种仪式，而是齐家治国平天下的一部分，是君子才与德的体现。它最大的文化功能是表征人的社会地位，在一个注重身份地位、等级森严的国度，不仅要区分等级，而且要严守等级，不得逾越，这就是"礼"。

服饰的不同主要表现在质料、颜色和式样上。古代百姓、奴仆穿的都是褐、布衣，达官贵人着锦衣。颜色方面，唐代确立了服装颜色与身份等级的对应关系。代表五行的五色定为正色——白、青、黑、赤、黄，象征正、尊、贵，而将其他间色贬为卑贱之色，象征邪、卑、贱。服色除了体现在区分官阶大小之外，对百姓也有要求，任何等级都不可使用其他等级的服装颜色。汉代贾谊在《服疑》中写道："是以天下见其服而知贵贱，望其章而知势位。"服饰成为了礼制的最

清·朝服补子

直接外在的形式，真正体现了"上下有序，君臣有别"的等级标识。

> **【知识链接】补子图案**
>
> 补子图案是一块四十至五十厘米见方的绸料，织绣不同纹样，再缝缀到官服上，胸背各一，补子以动物为标志，文官绣禽，武官绣兽。《三才图会》记载了明代文武官员的补子图案等级差异。

二、服饰礼仪

在某些特定的典礼和礼仪中，需要穿着特定的服装，其中最能体现中国服饰礼仪功能的是丧服。为区分与丧者亲属的远近关系，中国人发明了"五服"，包括斩衰、齐衰、大功、小功、缌麻，最亲的孝子穿戴斩衰，最疏远的亲属则穿戴缌麻。除丧服外，冠帽也有绳缨、布缨，带有绳带、麻带、布带，鞋有粗草鞋、细草鞋、麻鞋等不同的区别，十分繁复。

婚礼服饰也是不可忽视的一部分。古代婚礼服制式主要有三种，周制婚礼服"爵弁玄端"，婚服为黑红色，新娘发饰有笄、纚等；唐制婚礼服"梁冠礼服"，新娘服色为青色，头上佩饰为钿钗；明制礼服"九品官服"，礼制顺从民俗，庶民结婚也可以使用九品命妇的凤冠霞帔，袍服外罩褙，头戴朝冠这种婚服样式是目前中国人心中典型的华夏婚礼服饰。

三、东方神韵

1. 最炫民族风

不同的民族服饰反映出不同的民族性格和民族心理。少数民族的各种服饰都是适应各自的自然环境和生产方式、生活方式在长期历史进程中形成的。我国北方的蒙古族，服饰为蒙古袍，长袍、坎肩、皮帽、皮靴是蒙古族服饰中最常见的形式，这与蒙古族生活在北方高原要适应寒冷气候有关，此外这种服饰也便于马上驰骋；而我国南方哈尼族叶车人服饰却是另一番景象，叶车妇女服饰很有特色，一般头戴白尖帽，上身穿对开式短袖土布衣，由五色彩带扎腰，下穿黑色短裤，这样的装扮也是由南方湿热的气候决定的。

民族服饰上也可以看出民族性格，如藏族服饰具有肥腰、长袖、大襟、右衽长裙、束腰以及皮毛制衣的特征，男子配有腰刀、打火镰、鼻烟壶等饰品，反映了藏族粗犷洒脱的性格特征。又如朝鲜族妇女的短衣长裙是最具传统的服装，"则高利"（朝鲜语）是最喜欢的上衣，用飘带打结，在袖口、衣襟、腋下镶有鲜艳的绸缎，长裙腰间有长褶皱，宽松飘逸，显示了朝鲜族平和宁静的民族性格。

中国民族服饰在全球很早便刮起了"中国风"，而今"中国红""中国蓝""中国结"以更强劲的流行力量再一次掀起了中国民族服装热潮。中国民族服装会进一步发展变化，但万变不离其宗的是它特有的民族特色和民族精神。

2. 典雅的旗袍

旗袍主要源于满族妇女服饰中的旗装，满族旗袍主要特点是宽大、平直，衣长及足，材料多用绸缎，衣上绣满花纹，后经过不断改良，袖子从宽到窄，从长到短，下摆从长到短，再由短到长，完全随着时代的变迁而改革。现在的旗袍款式长度缩短，腰身收紧，更加凸显女性的魅力。

旗袍的美，含蓄细腻，优雅大方，活泼又不张狂，突出了东方女子的优雅，同时，旗袍又利用中国服饰面料多样化的特点，将东西方元素结合起来，注意色彩和款式的变化，使旗袍既时尚又新颖。这种具有东方神韵的服装，受到了国际社会的赞誉。

第四节　传统饮食：舌尖味道

从远古时代赖以充饥的自然谷物到如今人们餐桌上丰盛的美食，一个异彩纷呈、变化多端的饮食世界呈现在世人面前。不管是钟鸣鼎食还是粗茶淡饭，都体现着中国传统独特的饮食文化。

一、民以食为天

中国饮食文化的发端与演变延绵了170多万年，原始社会时期是中国饮食文化的初始阶段。旧石器时代的人们不懂取火，采用的是"茹毛饮血"的生食，从新石器时代早期开始，随着火的使用，人们开始吃熟食，并且因为熟食的需要，用火烧制陶制炊器，为制造发酵性食品提供了基础。

周秦时期是中国饮食文化真正形成时期。在食物原料方面，周代"五谷"皆备，并出现了芋头等杂粮。不论是蔬菜还是畜产品，基本原料都大为丰富。大量调味品的新增和多种保鲜方法的出现，使得人们的饮食种类繁多。

汉唐时期国内外各民族相互融合，交流日渐频繁，带动了中国饮食文化的稳步发展。大运河的开凿，使南北食材贸易规模、数量、品种剧增。与此同时，民间食品也得到迅速发展，其中最具代表性的是豆腐的问世和糕点的发展。

明清时中国饮食文化走向成熟。马铃薯、甘薯等新食材的大规模引进，蔬菜的广泛种植，使饮食结构发生很大变化。清代中国饮食文化的另一辉煌成就就是形成了粤、川、苏、鲁、湘、闽、徽、浙八大菜系。八大菜系代表了中国饮食文化的历史，同时也深刻地阐释了"民以食为天"这句俗语。

1. 自然的田野

中国人的传统饮食习俗是以植物性食料为主，这一习俗源于新石器时代黄河流域仰韶文化以食粟为主和长江流域河姆渡文化以食稻为主的食俗。从古至今，以农耕为主的中华民族精心使用着脚下的每一寸土地，获取食物的活动和非凡智慧，无处不在。中国北方气候干旱，主要生产黍、稷、粟、麦、菽，以杂饭、面食为主食。南方多雨潮湿的气候，利于稻米的生产，以大米为主食。不同地域的人们巧妙地利用自然获得食物。

2. 厨房的秘密

与西方"菜生而鲜，食分而餐"的饮食传统文化相比，中国的饮食更讲究色、香、味、形、器，更注重意境的追逐。切配是创制美味的重要条件，"割不正不食"、"脍不厌细"，讲究刀功，既便于咀嚼，又便于食物加热和入味。菜板上的刀法让人眼花缭乱，直刀法、平刀法、斜刀法、剞刀法使原料进一步美化。

如果说切配只是使菜肴原料发生"形"的变化，烹则使菜肴原料发生"质"的变化。在烹制过程中，火候是烹调技术的核心。旺火、温火、小火的不同火力，必须要根据菜肴原料的性质、形态、色彩等条件，以及热传媒介的不同性能来控制火候，掌握变化，使烹制出的菜肴在口感、味道、色泽、形态方面恰到好处。

3. 五味的调和

中国饮食自古崇尚"五味调和"，为了获得更丰富的味觉体验，中国人在烹饪中使用调料调出各种味道的技艺，围绕着酸、甜、苦、辣、咸这"五味"，菜肴的口味达到500种之多。

中国饮食烹与调合为一体，调味品的投放量和加热过程中的先后次序，可以去腥解腻，减轻烈味，增生美味，确定菜肴主味，增加菜肴色彩，它直接关系到饮食的成败。中国饮食几乎每道菜都要用两种以上的原料和多种调料来调和烹制，使菜肴迸发出丰富多彩的风味。

二、酒文化：酒中有深味

中国有几千年饮酒的历史，是世界上最早酿酒的国家之一。三千多年前，中国绍兴就酿造了黄酒，一千多年前的宋代，就有了白酒。白酒和黄酒是最主要的酒类。对于中国人来说，饮酒不仅仅是享用它的食用价值，更多地凝结了人类的精神创造，体现了文学艺术、人生态度，形成较为系统的中国酒文化。

1. 酒的来源

关于酒的来历，大多数人熟悉的还是"杜康造酒""有饭不尽，委之空桑，郁结成味，久蓄气芳，本出于代，不由奇方"，意思是说杜康将未吃完的剩饭放置在桑园的树洞中，剩饭发酵后有芳香的气味传出，这就是酒的做法。曹操在《短歌行》中说"何以解忧，唯有杜康"，使得杜康是酿酒的鼻祖这种说法家喻户晓。

最早的酒类是果酒，是由野生水果自然发酵而成；西汉时谷物压榨，"中山冬酿"名噪一时，也从邻国学习并掌握了葡萄种植和葡萄酒酿制技术；晋代出现药酒，不仅风味独特，兼具医疗保健效果；唐代出现了蒸馏酒，并且出现了"红曲"，开世界采用微生物发酵法制造使用色素之先河；明清时期，人们发明了复式发酵法，利用霉菌制成酒曲，酿出高度数酒，至此，中国现有的酒类大都出现。

酒诞生初期，由于稀少珍贵，被当作祭祀之用，祭祀完毕，人们分食贡品，喻分享神赠，以驱邪避灾。从神鬼之祭，到天地万物之祭，祭必用酒，饮酒必祭，是我国历代相袭的礼则。

2. 酒与艺术

自古以来，诗与酒就交织在一起，形成了"中国诗酒文化"。在中国诗史中，因酒而成名的传世诗作比比皆是。酒仙李白一生作诗1000多首，就有170多首跟酒有关，杜甫现存诗中有300多首含有酒味，可谓"自古诗人喜饮酒，从来酒壮诗意浓"。

【知识链接】杜甫《饮中八仙歌》

明·唐寅《临李公麟饮中八仙图》

《饮中八仙歌》一诗以白描的手法、精练的语言，为我们分别勾勒出贺知章、李琎、李适之、崔宗之、苏晋、李白、张旭、焦遂八人的形象轮廓。八个酒仙是同时代的人，又都在长安生活过，在嗜酒、豪放、旷达这些方面十分相似。

不仅诗歌如此，酒也被当作是书法家、绘画家借以激发灵感的源泉，借酒助兴，淋漓尽致地表现诗人个性，创造出独具特色的作品。唐代张旭，他的草书往往在酒后完成，"挥毫落纸如云烟"，张旭"每大醉，呼叫狂走，乃下笔"的作品就被称为"醉墨"。"桃花仙人种桃树，又摘桃花换酒钱，酒醒只在花前坐，醉酒还来花下眠"（唐寅《桃花庵歌》）明代唐伯虎筑室于桃花坞，饮酒作画，好不畅快。

酒还在中国传统音乐中充当了重要角色，元代的散曲曲牌甚多，其中醉花阴、倾杯序、醉太平等都与酒有关；明代和清代，最有代表性的就是民歌与小曲，而民间歌曲中酒直入歌名，《骂杜康》《上阳美酒》《醉归》等都是代表作。

中国各民族的酒礼习俗和歌舞文化，最能体现各民族的生活习性和民族性格。苗族"楼板舞"，酒、歌、舞的结合构成了苗族豪爽、开朗的性格和好客、敬客的个性；彝族"酒礼舞"男女聚饮，携手旋绕，跳跃欢呼，体现淳朴、憨厚的民族风尚；

北方游牧民族更是离不开酒和舞蹈，蒙古族的"那达慕"、藏族的"跑马节"、"转山会"，人们在酒与舞蹈中体验着深情厚意和幸福欢乐。

中国艺术正是因为有酒，才显得多姿多彩，散发出美酒一般醉人的艺术魅力。

3. 酒俗酒礼

在漫长的岁月中，因酒事活动广泛形成了较为系统的风俗习惯，这些风俗习惯内容涉及人们生产、生活诸多方面。结婚嫁娶的喜宴酒更是必不可少，酒始终贯穿其中。"会亲酒"约定双方婚事，不得悔婚；"交杯酒"明誓白头偕老、忠贞不二的爱情，"回门酒"女方家以示欢迎，显示人生礼趣。重大节日也都有饮酒习惯。除夕夜喝"年酒"，祝福在新的一年合家安康；端午节喝"雄黄酒"寓意消病去灾；中秋节喝"桂花酒"饮酒赏月；重阳节喝"菊花酒"登高长寿。

饮酒在漫长的历史过程中形成了固定的饮酒习惯和丰富的饮酒礼仪。晚辈和长辈一起饮酒前，晚辈要行跪拜礼，依次入定后，长辈举杯，晚辈才能随之举杯；长辈未饮尽，晚辈也不能饮尽；主人和客人一起饮酒，要相互跪拜，主人敬酒叫作酬，宾客回敬叫作酢，酬酢时相互说敬酒词。

孔子说："唯酒无量，不及乱。"中国的饮酒习俗也讲究酒德。酒德是饮酒的道德规范和酒后应有的风度，合度者有德，失态者无德。酒德精神用六个字概括"逸、和、友、敬、雅、节"，即为用酒助人逸乐，喝酒融洽人际关系，讲究敬让讲礼仪，雅致、高尚而不粗俗，做到饮有格、酒有品、人有量、醉有度。

觚　　　　　　　　　觯　　　　　　　　　卣

三、茶文化：酒香茶更浓

中国是茶的故乡，是世界上最早发现茶树、利用茶叶和栽培茶树的国家。茶的利用最初是孕于野生采集活动中，上古时期有"神农氏尝百草，遇毒，以茶解之"，

193

西汉已有饮茶的正式文献记载,唐代陆羽《茶经》奠定了中国茶文化的理论基础,宋代茶文化真正兴盛起来。茶含有茶多酚,具有很强的抗氧化性和生理活性,饮茶有消食去腻、降火明目、消暑解毒、生津止渴的功效。

> 【知识链接】中国十大名茶
> 　　中国十大名茶由1959年全国"十大名茶"评比会所评选,此外还包括非官方评选的"十大名茶"——涌溪火青、太平猴魁、湖南蒙洱茶、云南普洱茶、采花毛尖、恩施玉露、苏州茉莉花茶、峨眉竹叶青、蒙顶甘露、屯溪绿茶。

1. 茶禅一味

中国茶文化糅合了中国儒、道、佛诸派思想,有深刻的宗教文化基础。在贵生、乐生思想的影响下,饮茶非常注重茶的保健养生以及怡情养性的功能,在老庄淡泊超逸、随顺自然思想下发展起来的茶文化,也确定了虚静恬淡的本性。

儒家讲究"以茶可行道",是"以茶利礼仁"之道。饮茶人自省审己,从"洁性不可污"的茶性中吸取了灵感,应用到人格思想中,蕴含着宽容平和与绝不强加于人的心态。

佛教强调"茶禅一味",茶能使人心静,在茶道中注入佛理禅机,获得精神开释。正如"茶僧"皎然所说"一饮涤昏寐,情思朗爽满天地",通过饮茶把自己与山水、自然、宇宙融为一体,达到明心见性的目的。

对中国人来说,喝茶不仅仅是身体的需要,更多的是一种精神需要。茶叶泡入水中,散发淡淡清香,品起来甘甜如饴。喝茶与品茶,讲究一个"静"字,这个"静"蕴含了儒家文化,也体现了佛教文化中"佛"字哲学,在品茶的过程中传扬、讲究的是一种静态人生的思考,一份生活本真的思考。

茶的真滋味,禅的真境界,一杯清茶,人生百味,唯有饮茶人自知。

2. 茶道茶艺

饮茶是一门艺术,在中国饮食、玩乐诸活动中能升华为"道"的只有茶道。这种烹茶饮茶的生活艺术,讲究精茶、真水、活火、妙器"四要"条件。

茶品以形、色、香、味分高下,以新为贵,可选用绿茶、红茶、花茶、乌龙茶、黑茶等种类;水品以清、活、轻、甘、冽别优劣,古人说"茶要新,水要活",泉水自然为上等;火以活火为上,指的是炭火,木炭起火慢,无烟火气;器以宜兴紫陶为佳,紫砂泡茶汤色澄清,香味清醇,汤味醇正,享有"世界茶具之首"的美誉。

北宋·赵佶《文会图》局部

除了"四要"之外,泡茶的过程也非常讲究。最常见的是煎茶道、斗茶道和功夫茶道。煎茶道是将茶叶烘干后碾成粉末,和水一起煮,在煮茶时会加入盐等调料,所以又叫"吃茶";斗茶道是比茶面汤花和品鉴茶汤的一种品茶艺术;功夫茶道在今天的闽台地区非常流行,极具茶道神韵。

3. 品茗听壶

茶道作为一门艺术,名茶配妙器,珠联璧合,相得益彰。对一个爱茶人来说,不仅要选择好茶,还要选配好茶具。《茶经》提到了烹茶、品饮的二十四器,现代烹饪所用器具较陆羽二十四器更为复杂,用茶具的过程也是享受制汤的过程。

唐代人喝茶饼,茶须烤炙研碎经煎煮而成。宋代开始,饮茶习惯逐渐由煎煮改为"点注",而点茶法也使饮茶器具发生了变化。汤瓶是点茶必不可少的茶具,制作讲究,宋代茶具处处体现了理学的影响,烘茶的焙笼叫"韦鸿胪",碎茶的木槌称为"木侍制",茶碾叫作"金法曹",茶磨叫"石转运",其中的文化内涵一目了然。

明清散茶大兴,烹煮过程十分简单,甚至直接用水冲泡,因而烹茶器皿也随之简化,但对壶与碗的要求更为精美、别致,出现各种新奇造型,有提梁式、把手式、长身、扁身等各种形状,壶身则以山水人物、花鸟居多。清代以后茶具品种增多再配以诗、书、画、雕等艺术,将茶具制作推向了新的高度,但在老北京大家贵族、宫室皇庭,乃至许多高档茶馆,皆重盖碗茶。

【知识链接】盖碗茶

此种茶杯一式三件,下有托,中有碗,上置盖。盖碗茶又称"三才碗"。三才者,天、地、人也。茶盖在上,谓之"天",茶托在下,谓之"地",茶碗居中,是为"人"。一副茶具便寄寓一个小天地,包含古代哲人:"天盖之,地载之,人育之"的道理。

【疑问小思】
1. 中国传统饮食文化有哪些特色?
2. 酒作为一种饮品,为什么会发展成为一种文化?
3. 中国茶道的基本内涵有哪些?

小 结

"民俗"在中国传统文化中不仅是一种特殊的文化现象,而且是人民生活的有机组成部分。民俗文化是人民群众创造的最古老的文化,因为它的根源可以追溯到人类发展的初始阶段;民俗文化也是最年轻的文化,因为它仍然存在于今天瞬息万变的信息时代之中。中国的民俗文化是世世代代锤炼和传承的传统文化,其中凝聚着民族的性格、民族精神、民族的真善美,是中华民族彼此认同的标志,是祖国同胞沟通情感的纽带。

参考文献

[1] 任继愈, 中国哲学史, 人民出版社, 1979.

[2] 张岱年, 中国哲学大纲, 中国社会科学出版社, 1982.

[3] 庞朴, 文化的民族性与时代性, 中国和平出版社, 1988.

[4] 谭家健, 中国文化史概要, 高等教育出版社, 1988.

[5] 张岱年, 中华的智慧:中国古代哲学思想精粹, 上海人民出版社, 1989.

[6] 冯友兰, 中国哲学史新编, 人民出版社, 1989.

[7] 朱谦之, 文化哲学, 商务印书馆, 1990.

[8] 王学泰, 华夏饮食文化, 中华书局, 1993.

[9] 国家文物局, 中国文物精华大辞典, 上海辞书出版社, 1997.

[10] 程裕祯, 中国文化要略, 外语教学与研究出版社, 1998.

[11] 张君励, 明日之中国文化, 山东人民出版社, 1998.

[12] 田广林, 中国传统文化概论, 高等教育出版社, 1999.

[13] 沈从文, 中国古代服饰史, 陕西大学出版社, 2004.

[14] 龚鹏程, 中国传统文化十五讲（名家通识讲座书系）, 北京大学出版社, 2006.

[15] 张建, 中国传统文化, 高等教育出版社, 2007.

[16] 叶郎、朱良志, 中国文化读本, 外语教学与研究出版社, 2010.

[17] 张岂之, 中国传统文化, 高等教育出版社, 2010.

[18] 钱穆, 论语新解, 生活.读书.新知三联书店, 2012.

[19] 薄克礼、于广杰, 中国传统文化导论, 对外经济贸易大学出版社, 2013.

[20] 王霁, 中国传统文化, 清华大学出版社, 2014.

[21] 朱筱新, 中国传统文化, 中国人民大学出版社, 2014.

[22] 马新、杨朝明, 中国传统文化读本, 山东大学出版社, 2014.

后 记

  本书是自 2014 年山东理工职业学院开展传统文化"四进"以来，继《儒学经典新解——论语》《国学经典新解——弟子规·三字经·千字文》和《诗词经典新解》等自编系列教材之后，"优秀传统文化高职教材"的又一新成员。

  本书由许可确定体例和纲目，然后组织人员分章撰稿，集中会审。本书共分 10 章，编写分工如下：第一章由周幸编写；第二章由徐新强编写；第三章由刘会亭、曹文洪编写；第四章由屈焕新编写；第五章由孔娜编写；第六章由王洪坤编写；第七章由温柔编写；第八章由孔文思编写；第九章由丁英娣、李静编写；插图由秦铭完成。初稿完成后又交叉校稿修改，由王玉国、屈焕新通稿，最后由许可通审定稿。

  由于本书题材宏大，内容包罗万象，且均为本校教师利用业余时间编写，虽参阅众家，反复审校，仍不免有挂一漏万之嫌，恳请广大师生和兄弟院校予以指正。

2017 年 8 月

图书在版编目(CIP)数据

传统文化简明读本 / 许可主编. -- 北京：中国书籍出版社，2017.9
ISBN 978-7-5068-6531-9

Ⅰ. ①传… Ⅱ. ①许… Ⅲ. ①中华文化-高等职业教育-教材 Ⅳ. ①K203

中国版本图书馆CIP数据核字(2017)第236792号

传统文化简明读本

许可　主编

责任编辑	魏焕威
责任印制	孙马飞　马　芝
封面设计	唐甜甜
出版发行	中国书籍出版社
地　　址	北京市丰台区三路居路97号（邮编：100073）
电　　话	（010）52257143（总编室）　　（010）52257153（发行部）
电子邮箱	eo@chinabp.com.cn
经　　销	全国新华书店
印　　刷	青岛乐泰印刷包装有限公司
开　　本	787 mm × 1092 mm　1 / 16
字　　数	247千字
印　　张	13
版　　次	2017年9月第1版　2017年9月第1次印刷
书　　号	ISBN 978-7-5068-6531-9
定　　价	32.00元

版权所有　翻印必究